特殊教育专业应用型系列教材

资源教师工作理论与实践

主　编：马仁海　牛双红
副主编：吴卫明　毛小波　许梦楠

Ziyuan Jiaoshi Gongzuo

Lilun Yu Shijian

北京师范大学出版集团
BEIJING NORMAL UNIVERSITY PUBLISHING GROUP
北京师范大学出版社

图书在版编目(CIP)数据

资源教师工作理论与实践 / 马仁海，牛双红主编 .
北京：北京师范大学出版社，2025.7. -- ISBN 978-7-
303-30788-3

Ⅰ. G76

中国国家版本馆 CIP 数据核字第 2025WZ3905 号

出版发行：北京师范大学出版社 https://www.bnupg.com
　　　　　北京市西城区新街口外大街 12-3 号
　　　　　邮政编码：100088

印　　刷：北京虎彩文化传播有限公司
经　　销：全国新华书店
开　　本：787 mm×1092 mm　1/16
印　　张：11.5
字　　数：210 千字
版　　次：2025 年 7 月第 1 版
印　　次：2025 年 7 月第 1 次印刷
定　　价：49.90 元

策划编辑：何　琳　余娟平　　　责任编辑：孟　浩
美术编辑：焦　丽　　　　　　　　装帧设计：焦　丽
责任校对：陈　荟　　　　　　　　责任印制：马　洁

版权所有　侵权必究

读者服务电话：010-58806806
如发现印装质量问题，影响阅读，请联系印制管理部：010-58806364

▶ 前　言

在特殊教育生态系统中，资源教师作为融合教育的核心推动者，其专业实践始终处于"理念—行动—环境"的互动关系中。资源教室作为资源教师实现教育理想的关键平台，其存在与运作方式恰恰构成了理论与实践结合的实际桥梁。资源教室是设在普通学校或特殊教育学校为特殊儿童服务的专用教室，是推动融合教育发展的关键支撑。教育部等部门发布的《"十四五"特殊教育发展提升行动计划》明确提出推进融合教育，全面提高特殊教育质量；《教育部关于加强残疾儿童少年义务教育阶段随班就读工作的指导意见》指出要进一步提升资源教室的使用效率，充分利用资源教室为残疾学生开展个别辅导、心理咨询、康复训练等特殊教育专业服务。当前资源教室在实际发展过程中面临一些问题，如融合教育背景下资源教室的运作和如何培养资源教师，资源教师的专业成长队伍如何建设等。同时有些高校没有专门适用于资源教师培养的专业教材，多数只是在相关教材上偶有提及。随着国家对特殊教育的重视和融合教育的蓬勃发展，资源教师培养变得尤为重要，专业的资源教师培养相关教材的出版迫在眉睫。

基于以上问题，坚持正确的政治方向和价值导向，全面贯彻党的教育方针，学习党的二十大精神，注重铸魂育人，经过团队商议，对接特殊教育教师专业系列标准和师范类专业认证要求，我们从资源教室基本概述和资源教师专业成长等领域着手，结合一线资源教师经验，将资源教师理论与实践进行联系，以现代教材编写理念为指导，使本教材具有如下特点。第一，具有基础性。本教材适用于高等师范院校特殊教育专业学生，既有资源教室的基础篇章，也有资源教师培养的相关内容。第二，突出实用性，真正将教材应用于实践，将理论知识融会贯通，即使普通教育教师也能学有所获。第三，具有针对性，将一线资源教师经验融入本教材，为融合教育提供可借鉴的做法。第四，突出综合性，将资源教室和资源教师相关内容统整汇集在一起，使本教材真正成为一本培养资源教师的教材，为融合教育发展添砖加瓦，推动融合教育发展。

本教材将教育学、心理学、社会学等多学科的知识融合在一起，为特殊教育提供了一个多元化的视角。我们期望本教材有利于特殊教育专业学生学习，让他们对资源教室有全面的了解，通过深入学习具备成为资源教师的专业素养，为他们未来就业增添更多机会和选择。它既可以作为高等师范院校特殊教育专业的教材或参考书，也可以作为普通教育教师学习和进修培训的书籍，同时可以为特殊儿童父母、融合教育教师提供有益的指导。

我们关注资源教室的现实挑战，结合学生的认知特点及一线资源教师经验，将本教材分为以下十章内容。第一章是"资源教室"，对资源教室基本概念及资源教室在我国的发展进行介绍。第二章是"资源教室的规划与建设"，对资源教室如何规划和建设进行详细介绍，帮助读者了解资源教室。第三章是"资源教室的工作与服务"，通过对资源教室工作流程和服务形式进行介绍，以个案管理案例展开，深入把握资源教室的运作。第四章是"资源教室的评估"，强调在了解资源教室的运作后进行资源教室的评估。第五章是"资源教室的支持保障体系"，强调资源教师的发展得益于资源教室的存在和运作。因此如何保障资源教室的发展，其支持保障体系是我们需要思考的问题。第六章是"资源教师"，对资源教师的概念、职责、管理等方面进行介绍。第七章是"资源教师工作模式"，具体介绍为特殊学生提供服务、为普通班级教师提供支持、为学生家长提供咨询与帮助三个方面。第八章是"融合教育背景下资源教师专业成长"，强调根据融合教育的发展要求，需要推进资源教师专业成长。第九章是"资源教师队伍建设"，强调根据当前我国资源教师队伍建设存在的问题进行策略研究，提供解决办法。第十章是"资源教室相关机构建设实践案例"，对我国部分区域资源教室的典型做法进行了介绍，结合一线资源教师经验，为资源教师的培养和发展提供具有指导性的建议。

第一章由牛双红(襄阳职业技术学院)撰写；第二章由林肇玲(东莞市康复实验学校)撰写；第三章由孙涛(重庆市合川区凤凰小学)撰写；第四章由许梦楠(上海市盲童学校)撰写；第五章由张倩(昆山市爱心学校)撰写；第六章由毛小波(襄阳职业技术学院)撰写；第七章由王萌萌(舟山市特殊教育学校)撰写；第八章由郑小菲(安徽省肥西师范学校)撰写；第九章由栾海燕(上海师范大学天华学院)撰写；第十章由马仁海(襄阳职业技术学院)，王红霞(北京市海淀区特殊教育研究与指导中心)，卢超文(中山市特殊教育指导中心、中山市特殊教育学校)，林开仪(中山市教育教学研究室)，袁东(宁波市特殊教育指导中心、宁波市特殊教育中心学校)，王丹(宜昌市青少年综合实践学校)共同撰写。马仁海、牛双红负责统稿工作。

本教材的编写参考了大量的相关研究，并尽量对所参考文献进行标注，在此一并表示感谢。由于笔者水平有限，本书的不足之处在所难免，恳请批评指正。

编者

2024 年 12 月

第一章　资源教室

学习目标

知识目标

1. 了解我国资源教室的历史发展。

2. 理解资源教室存在的意义。

3. 掌握资源教室的概念。

能力目标

1. 能在资源教室对特殊儿童进行有效教学。

2. 能根据特殊儿童的需要为他们提供服务与支持。

情感目标

1. 尊重特殊儿童，客观看待特殊儿童的差异。

2. 关爱特殊儿童，正视特殊儿童的需要。

思维导图

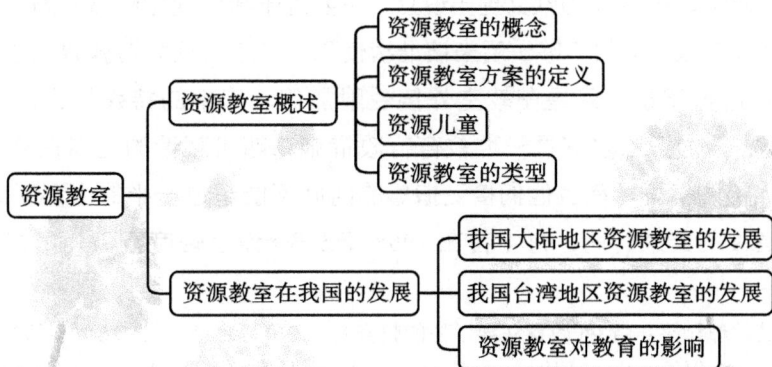

▶ 第一节
资源教室概述

资源教室建设是实现融合教育的重要举措，也是融合教育发展的核心支持保障。贯彻党的二十大精神，办好人民满意的教育，融合教育在我国逐步推行，多地已开始建设与运行资源教室。我国多以随班就读的模式实施融合教育，旨在让更多特殊儿童能够在资源教室进行学习、得到支持与辅导。资源教室成为随班就读学校与特殊学校之间的纽带，让更多特殊儿童能够拥有共同的学习环境，也让融合教育理念与特殊教育理念紧密相连，发挥着巨大的作用。

资源教室作为支持特殊儿童的物理空间和资源平台，其功能的有效发挥离不开专业人员的规划和实施。资源教师既是资源教室的设计者、管理者，也是特殊儿童个性化教育服务的直接提供者。

资源教室与资源教师之间是相辅相成的关系，资源教师作为资源教室中的关键角色，有着不可替代的作用。本教材在进行资源教师内容学习前，会先对资源教室的相关内容进行普及，以便更好地理解资源教师的相关内容。

一、资源教室的概念

资源教室是在普通学校或特殊教育学校设立的集课程、教材、专业图书以及学具、教具、康复器材和辅助技术于一体的专用教室。它既是一种特殊教育理念，也是一种特殊教育安置形式。[1] 资源教室起源于为单一类型障碍儿童提供的一种促进他们接受普通教育的补救教学，1913 年由欧文提出设立，主要用于帮助视觉障碍儿童在普通学校就学，但由于条件有限，成效不够，后未被继续使用。有学者认为资源教室是指那些不需要对普通教育进行调整，只是在教室外接受附加的、集中的特殊教育所需的教学设施。[2] 还有学者认为资源教室是一种教育行政措施，随班就读的儿童在特定的时间接受特殊教育人员的指导，而且他们接受指导的时间不能超过一半的上课时间。[3] 但是，在资源教室建设的繁荣时期，有学者在 1968 年发表《设立轻度智障儿童特殊班——真

---

[1] 马红英、谭和平：《特殊教育需要学生的教育》，67 页，北京，北京大学出版社，2011。

[2] Ito H. R. , "Long-term Effects of Resource Room Programs on Learning Disabled Children's Reading," *Journal of Learning Disabilities*, 1980(6), pp. 322-326.

[3] Sindelar P. T. & Deno S. L. , "The Effectiveness of Resource Program," *Journal of Special Education*, 1978, p. 17.

合理吗?》的文章，批评自足式特殊班是一种人为隔离，违反民主程序，并提出建立资源教室，改变特殊儿童只能安置在特殊教育学校或特殊班的形式。[1]

资源教室也就是由资源教师在普通学校的教学时间外，利用特殊教育设施及其他可利用的各种教学资源，对特殊儿童进行特殊服务的一种教学组织形式，用以协助就读于普通学校中的特殊儿童。[2] 它的功能主要体现在为特殊儿童提供咨询、个案管理、教育心理诊断、个别化教育计划、教学支持、学习辅导、补救教学、康复训练和教育效果评估等，主要目的是满足儿童的特殊教育需要。另外，资源教室应该服务于特殊人群，满足特殊人群的需要，具备筛查评估、教育康复、学习辅导、专业培训等多种功能。

在多数情况下，资源教室和资源中心通常会被不加区分地加以使用。有学者指出，资源教室是指建立在一所学校内，主要为校内儿童提供特殊教育服务的特殊教育部门；资源中心主要是指建立在学校之上的学区（包括数所学校）、区级和市级区域，可以为多所学校提供专业服务的特殊教育单位。[3]

二、资源教室方案的定义

资源教室的使用需要制定切实可行的资源教室方案，资源教室方案是一种教育措施。资源教室方案一词译自 Resource Room Program（RRP）或称资源方案（Resource Program），近年来国外又将其称为 Pull-out Program 或 Setaside。资源教室方案是一部分时间的支援性特殊教育措施，此种教育服务通常以普通教育的一般课程为基础；其服务对象为就读于普通班而在学业或行为上需要特殊协助的儿童；其目的在为儿童及教师提供教学的支援，以便儿童继续留在普通班，并在学业或情意方面获得充分的发展。

资源教室方案的功能主要体现在评量、教学、咨询和在职训练四个方面，是一种具有弹性的教育措施。资源教室方案作为融合教育发展过程中产生的一种教育安置措施，也是普通教育和特殊教育之间沟通的桥梁，有着不容忽视的作用。

三、资源儿童

资源儿童是指接受资源教室方案辅导的儿童，是有进入资源教室学习需求的儿童，

---

① Dunn L. M.，"Special Educational for the Mildly Retarded：is Much of It Justifiable,"*Exceptional Children*，1968(1)，p. 7.

② 蒋美芳：《"资源教室"中的学生活动现状调查与对策研究——以浦东新区学校为例》，硕士学位论文，华东师范大学，2006。

③ 许家成、周月霞：《资源教室的建设与运作》，2页，北京，华夏出版社，2006。

主要以轻度障碍儿童和资优儿童为主。此类儿童大部分时间主要在普通班上课,部分时间接受资源教师的辅导。

四、资源教室的类型

目前国内学者主要将资源教室分为如下几种类型。

(一)部分时间资源教室

部分时间资源教室是初级形式的资源教室,相当于在普通学校设立的特殊班级,只是部分时间向特殊儿童开放。它具有代偿作用,为特殊儿童提供个别补救教学、心理咨询辅导和康复训练。部分时间资源教室易经营和管理,但在一定程度上体现了隔离的理念。

(二)专门类型资源教室

专门类型资源教室是指在特殊教育学校设立的针对特殊儿童提供相关设施和资源的教室。专门为听力障碍儿童设立的资源教室具备与听力障碍有关的设施和资源,如听力监测和语言训练的设施设备、为听力障碍儿童服务的翻译转换设备等。专门类型资源教室由于只为某一类特殊儿童服务,其服务面较窄。

(三)支持性资源教室

支持性资源教室是建立在为普通学校中的特殊儿童提供支持的理念之上的,意在为特殊儿童服务,在普通学校设立的专业化的资源教室。支持性资源教室的服务范围广,不仅为儿童,也为家长、社区及教师提供专业的支持和帮助。它将特殊儿童当作一个更广泛的动态群体,而不特别强调其差异性。支持性资源教室支持普通教育教师和行政人员接受相关培训,使他们能更好地理解儿童的特殊需要,建设全纳的校园环境,也更好地开展平时的课堂教学。它支持资源教师或教学助理接受政策法规、相关理论、专业技能等方面的培训,为他们提供交流的平台,便于定期举办专家讲座等活动。它能为有特殊需要的家长提供相关理论和技能的培训及心理支持,也为暂时没有特殊需要的儿童、家长以及相关的社区人员普及相关知识,促进他们对全纳理念和特殊儿童的理解。[①]

▶ 第二节
资源教室在我国的发展

当前我国特殊教育不断发展,取得了不错的成绩,融合教育逐渐成为我国特殊教

---

① 胡曌坤:《中小学资源教室的建设研究》,载《绥化学院学报》,2016(7)。

育发展中的主流趋势。20 世纪 80 年代末到 90 年代初，自《萨拉曼卡宣言》发布以来，我国随班就读开始兴起，资源教室作为随班就读的一种补充形式开始启动。从 20 世纪 90 年代开始，联合国儿童基金会研究项目资助我国建设资源教室。当时在贵州的两个县配置了 30 个资源教室的简单设备，对推动当地随班就读工作的开展起着重要作用。由于该项目缺乏后续资金，这些地区资源教室的建设没有得到持续的发展。这是我国资源教室的雏形。①

一、我国大陆地区资源教室的发展

我国大陆地区的特殊教育工作历史悠久，资源教室的发展与特殊教育有着密切的关系。1994 年 6 月，世界特殊需要教育大会在萨拉曼卡召开，要求开展全纳教育和开设全纳学校。《我国关于开展残疾儿童随班就读工作的试行办法》在同年 7 月由国家教育委员会制定出台。这是我国大陆地区最早从法律条文上对随班就读工作给予了规定，至此随班就读工作在我国大陆地区逐渐兴起。《关于开展残疾儿童青少年随班就读工作的试行办法》首次提到"辅导室"。"辅导室"是我国大陆地区文件中首次对资源教室的表述，因此在我国大陆地区资源教室又被称为"辅导教室"。作为随班就读的补充形式，资源教室正式启动，对帮助特殊儿童融入普通班级，进而融入社区，最终融入社会具有重要意义。

我国大陆地区资源教室的发展大致可以归纳为以下三阶段。

(一)萌芽阶段

我国大陆地区随班就读工作起步较晚。20 世纪 80 年代末到 90 年代初，随班就读在我国大陆地区开始推广。资源教室是在国外和我国台湾地区的影响下尝试建设的，从之前只为盲和聋两类特殊人群提供特殊教育，到开始为智力障碍儿童和其他类型儿童提供特殊教育。比如，1997 年，上海市教育委员会颁布的《关于在本市普通中小学开展随班就读工作的暂行规定》指出，随班就读学生相对集中(超过 12 人)的学校，学校应设立专门的资源教室，配备专职辅导教师。专职辅导教师每天定时间、定内容为随班就读学生提供个别辅导、矫治、康复、训练等服务。从此，上海开始提供较为全面的资源教室服务。②

---

① 徐美贞、杨希洁：《资源教室在随班就读中的作用》，载《中国特殊教育》，2003(4)。
② 程辰：《上海市随班就读资源教室方案运作及发展对策研究》，硕士学位论文，华东师范大学，2007。

（二）探索阶段

20 世纪 90 年代中后期，国内发达地区开始进行创建资源教室的尝试，如创建上海市黄浦区新昌路小学。这一阶段的尝试也借鉴了国外和我国台湾地区的经验。专家、学者开始对资源教室运作的模式、效果等方面进行探索，特殊教育设施设备和感统器材及专用教玩具开始出现。但资源教室的研究仍存在理论和实践之间缺乏融合的问题，且设立资源教室的随班就读学校比较少。现阶段的资源教室虽存在一些问题，但我国大陆地区对资源教室的重视未曾减少。

（三）规范发展阶段

2000 年以后，资源教室的设置开始逐步规范化，我国大陆地区出台了保障随班就读发展的系列文件。教育部基础教育司 2003 年下发的《关于开展建立随班就读工作支持保障体系实验县（区）工作的通知》规定以随班就读学生较多的学校为单位建立资源教室，将资源教室建设作为随班就读支持保障体系的重要组成部分。在"九五"期间，北京市一些区县和学校开始探索建设资源教室。为使在普通学校学习的残疾学生有更好的学习和康复训练条件，北京市教育委员会从 2001 年起每年投资 200 万元扶持 10 所随班就读工作基础较好的中小学建设资源教室，并以此为中心建立包括社区和家庭参与的随班就读支持系统。[1]

《特殊教育提升计划（2014—2016 年）》《第二期特殊教育提升计划（2017—2020 年）》的发布以及《普通学校特殊教育资源教室建设指南》进一步在法律法规层面上规范了资源教室的建设。2019 年，《特殊教育补助资金管理办法》发布，助力资源教室建设发展。北京市教育委员会、安徽省教育行政部门都发布了建设资源教室的文件和投入相应的经费，保障了资源教室的建设和发展。现阶段资源教室的发展主要集中在资源教室建设和经费投入的政策文件的完善，对资源教室专门的人员、设备要求和运作制度有了明晰的规定，对资源教室的建设形成了检查和评估。综上所述，资源教室进入了规范发展阶段。

法律法规的确立对于资源教室的发展具有重要作用。为更好地呈现我国大陆地区在资源教室发展方面所做的努力，现将与资源教室发展相关的法律法规和政策文件梳理如下，如表 1-1 所示。

---

[1] 蒋美芳：《"资源教室"中的学生活动现状调查与对策研究——以浦东新区学校为例》，硕士学位论文，华东师范大学，2006。

表 1-1　我国大陆地区资源教室发展相关的法律法规和政策文件

时间	发展重点
1987 年	《全日制弱智学校(班)教学计划》(征求意见稿)首次提出"随班就读"概念
1993 年	上海市教育委员会颁布了《普通小学实行弱智学生"随班就读"的有关规定》,上海随班就读工作自此开始
1994 年	《关于开展残疾儿童少年随班就读工作的试行办法》提到的"辅导班"可以说是资源教室本土发展的早期雏形,标志着我国资源教室发展进入规范化阶段
2001 年	《关于"十五"期间进一步推进特殊教育改革和发展的意见》提出支持随班就读学生较多的学校建立资源教室,配备指导教师,为残疾学生提供教学指导,帮助他们解决学习困难
2003 年	《关于开展建立随班就读工作支持保障体系实验县(区)工作的通知》提出在全国 100 个县(区)试验区构建随班就读支持保障体系,明确资源教室要以随班就读学生、学校教师、学校其他普通学生为服务对象,且确保适龄三类残疾儿童的入学率和保留率比实验前明显提高。
2005 年	《北京市随班就读资源教室建设与管理的基本要求(试行)》发布,指导学校做好资源教室的硬件管理(设备管理、资源管理、档案管理),资源教室的软件管理(资源教师的管理、学生管理)和资源教室的业务工作管理(诊断评价、教育训练、咨询指导等),建好、管好、用好资源教室
2006 年	《上海市教育委员会关于加强随班就读工作管理若干意见》发布,强调资源教室建设的重要性,要求随班就读学生超过 10 人的学校,应设立专门的资源教室 《中华人民共和国义务教育法》将随班就读纳入国家教育法律
2010 年	《国家中长期教育改革和发展规划纲要(2010—2020 年)》提出各级各类学校要积极创造条件接收残疾人入学,不断扩大随班就读和普通学校特教班规模
2012 年	《浙江省教育厅关于进一步加强轻度残障儿童少年随班就读工作的若干意见》发布 《广东省特殊儿童少年随班就读资源教室建设与管理实施办法(试行)》对资源教室的建设目的、建设任务、功能、配置等方面做了具体介绍 《山东省特殊教育学校基本办学条件标准》对随班就读学校、幼儿园资源教室配置标准进行了规范
2014 年	《特殊教育提升计划(2014—2016 年)》提到扩大普通学校随班就读规模;尽可能在普通学校安排残疾学生随班就读,加强特殊教育资源教室、无障碍设施等建设,为残疾学生提供必要的学习和生活便利
2015 年	《上海市普通学校特殊教育资源教室装备配备指南(试行)》对资源教室环境建设、教具、学具和康复设备配置提出专业要求;支持普通教育课程的学科补救教学;支持有特殊需要的学生个性化课程实施 《河南省随班就读资源教室建设与管理基本要求(试行)》对资源教室的功能与建设的基本要求、资源教室的规划、资源教室的设备、资源教室的资源类别、资源教室的管理、资源教室的评估进行了介绍 《云南省特殊教育资源中心资源教室建设与管理指导意见》对资源中心、资源教室的硬件建设、队伍建设及管理运作等做出指导

续表

时间	发展重点
2016 年	教育部办公厅印发《普通学校特殊教育资源教室建设指南》，对资源教室建设与运作的总体要求、功能作用、基本布局等做出明确规定，并附有资源教室配备参考目录
2017 年	《第二期特殊教育提升计划(2017—2020 年)》进一步强调资源教室的建设，以区县为单位统筹规划，重点选择部分普通学校建立资源教室，配备专门从事残疾人教育的教师；指定其招收残疾学生，其他招收残疾学生 5 人以上的普通学校也要逐步建立特殊教育资源教室 《中华人民共和国残疾人教育条例》提出县级人民政府应当根据本行政区域内残疾儿童、少年的数量、类别和分布情况，统筹规划，优先在部分普通学校中建立特殊教育资源教室，配备必要的设备和专门从事残疾人教育的教师及专业人员，指定其招收残疾儿童、少年接受义务教育，明确提出了要逐步在普通学校中建立资源教室 《义务教育学校管理标准》提出坚持合理便利原则，满足适龄残疾儿童随班就读需要；创造条件为有特殊需要的学生建立资源教室，配备专兼职教师 《海南省第二期特殊教育提升计划(2017—2020 年)实施方案》提出重点在接收有 10 名以上特殊儿童的普通学校建立资源教室，招收残疾学生 5 人以上的普通学校逐步建立资源教室
2018 年	《教育部等四部门关于加快发展残疾人职业教育的若干意见》强调资源教室要为职业教育阶段的残疾学生服务
2019 年	《特殊教育补助资金管理办法》发布，助力资源教室建设发展 《中国教育现代化 2035》提出的推进教育现代化的总体目标之一是使残疾儿童少年享有适合的教育
2020 年	《教育部关于加强残疾儿童少年义务教育阶段随班就读工作的指导意见》发布，对资源教室的发展起着重要的政策支持作用，引领各地资源教室规范发展
2021 年	《"十四五"特殊教育发展提升行动计划》提出资源教室需配备教育教学、康复训练设施设备

二、我国台湾地区资源教室的发展

我国台湾地区的资源教室也称为"资源班"。我国台湾地区融合教育的实施最早可追溯至 1967 年实施的《视觉障碍学生混合教育巡回辅导计划》。[①] 从 1891 年起，我国

---

① 李欢、黄文桥：《我国大陆地区与台湾地区资源教室政策的比较研究》，载《现代特殊教育》，2018(7)。

台湾地区特殊教育发展历经多个发展时期。[①] 绝大多数普通学校均设置资源教室，保障了身心障碍儿童融合教育的质量。[②] 1975 年，我国台湾地区设立启聪资源班。1978 年，我国台湾地区颁布中学成立资源教室的相关文件。该文件是我国台湾地区设立资源教室的最早依据，让资源教室和教育安置有了比较明确的准绳。教育部门规划先在中学试点设立协助学习障碍或低成就学生发展的资源教室。因此，我国台湾地区多所中学设立资源教室，并在部分小学设置听障儿童的资源教室。资源教室开始进入蓬勃发展期。

1982 年，我国台湾地区公立学校开始推动实施学习障碍教育，台北市多所学校以资源教室形式实施学习障碍教育。1986 年，资源教室的试验推广至小学阶段，其他身心障碍类型学校陆续设立资源教室，但多以单一身心障碍类型儿童的资源班为主。

资源教室建设在我国台湾地区起步较早，其服务对象也较为广泛。从 1967 年服务视障学生以来，1978 年我国台湾地区逐渐关注到学习障碍学生的需求，逐渐扩展到类别不同、障碍不同学生的服务。

从 1973 年试验政策开始，我国台湾地区资源教室的服务对象开始由小学向中学扩展，服务类型从一般能力优异扩增至包含数理及语文的学术类别。班级形式也从集中式资优班转变为集中式与分散式并存的形式。1984 年，资优教育从实验阶段进入正规发展阶段。1999 年，我国台湾地区发布资优教育白皮书，资源教室的服务对象从以狭义的高智商学生为主扩展到以广义资优的多才能学生为主。

我国台湾地区资源教室对于如何筛选和鉴定学生、安排课表和教学内容、制订个别化教育计划以及资源教师与普通教师及家长进行沟通等方面进行了重点关注。

综上所述，我国台湾地区资源教室的发展特点如下。

（一）服务对象以身心障碍儿童为主

身心障碍儿童在我国台湾地区资源教室中所占比例较大。1984 年以来，台北市和高雄市开始扩大各类型资源教室的服务对象范围。1997 年我国台湾地区开始保障儿童在基础教育的各阶段都有适当的就学安置。基于此，从服务对象、教学内容、所在区域、教学方法、实施内容等方面对我国台湾地区资源教室的形态、内容或模式进行了

---

① 奎媛、雷江华：《我国台湾地区资源教室的发展与启示》，载《中国特殊教育》，2016(5)。
② 李欢、黄文桥：《我国大陆地区与台湾地区资源教室政策的比较研究》，载《现代特殊教育》，2018(7)。

如下分类，如表 1-2 所示。

表 1-2　我国台湾地区资源教室的分类

分类方式	形态	内容或模式
服务对象	单类资源教室	以服务特定单一类别的特殊学生为主的资源教室，如启聪资源教室、语障资源教室、孤独症资源教室、学习障碍资源教室等
服务对象	跨类别资源教室	以招收与服务两类别或两类别以上特殊学生为主的资源教室，如资源教室同时接纳智力缺陷及学习障碍学生
	不分类资源教室	其招收对象包括普通班身心障碍学生及疑似身心障碍学生
教学内容	单项重点资源教室	只以单科或单项重点补救教学或辅导为主，如英语、数学、理化等
	多项重点资源教室	以提供多项课程及服务为主，可满足较多学生的需求，但需加强学校行政上的配合
所在区域	巡回式资源教室	系指资源教师定期到学区或责任区的学校内，为特殊学生或普通教师提供教学建议
	驻校式资源教室	设于普通学校内，资源教师的编制也隶属于该校，服务对象以该校学生为主
教学方法	小组教学、团体教学和学习中心	这些方法可同时在一个资源教室中实施，也可只以某种教学方法为主
实施内容	直接服务	为学生提供直接教学与辅导，包含课程设计、教材编选、教具制作、教学、评量、行为与生活辅导及转衔服务等
	间接服务	为普通学校教师、家长与同侪提供咨询、亲职教育服务及协助推动融合教育等
	个案管理	拟订个别化教育计划、建立个案资料、必要时报请学校召开个案会议、进行转衔与追踪、联结校内外资源等

（二）政策制度逐步建设完善

1984 年以来，我国台湾地区在台北市多所中学成立身心障碍资源教室。1996 年，高雄市开设孤独症资源教室。1998 年，台北市在全市公立中学普设身心障碍资源教室，并且为中学毕业后的学习障碍学生开辟升学通道。由主管教育部门以举办甄试的方式，保障学习障碍学生后续阶段的教育机会。

《发展与改进特殊教育计划——加强身心障碍学生教育》五年计划规定，依各县市学生安置情形，补助增设特教班和资源教室。

1999 年，我国台湾地区颁布身心障碍学生升学辅导办法，畅通与保障身心障碍学生的升学通道。教育部门特殊教育推行小组的教育改革总咨议报告建议加强身心障碍教育，中小学应普设资源教室，落实资源教室方案。

2000 年修订身心障碍学生升学辅导办法，颁布台北市就读普通班身心障碍学生的安置原则与辅导办法。

2001 年为协助特殊学生适应普通班的教育环境，台北市修订中小学身心障碍资源教室实施计划。

2002 年修订发布身心障碍学生升学辅导办法。

2010 年修订高级中等以下学校艺术才能班设立标准，修订各教育阶段身心障碍学生转衔辅导及服务办法，修订特殊教育课程教材教法实施办法，并将其名称修改为特殊教育课程教材教法及评量方式实施办法。

2011 年修订特殊教育学生申诉服务设施办法，并将其名称修改为特殊教育学生申诉服务办法；修订身心障碍学生升学辅导办法，制订特殊教育行政支持网络联系及运作办法，修订特殊教育学生奖助办法；制订高级中等以下学校身心障碍学生就读普通班减少班级人数或提供人力资源与协助办法。

2012 年修订特殊教育设施及人员配置标准，并将其名称修改为特殊教育学校设立变更停办合并人员编制标准；制订特殊教育学生鉴定及就学辅导会组织及运作办法；修订资优学生降低入学年龄缩短修业年限及升学办法，并将其名称修改为特殊教育学生调整入学年龄及修业年限实施办法。

(三)资源教室管理规范，分工明确

教育行政方面管理规范，设置身心障碍学生鉴定及安置的专业组织，遴聘学者专家、教育行政人员、学校行政人员、同级教师组织代表、家长代表、专业人员、相关机构及团体代表，办理特殊教育学生鉴定、安置、重新安置、辅导等事宜。定期召开会议，普设资源教室并配足合格的特殊教育教师。资源教室作为我国台湾地区障碍学生的安置与服务方式，其教学人员配备充裕。针对小学和中学分别安排二位和三位特殊教育教师，多采用小组教学的方式，每个资源教室一般安排 8～12 名学生。人数超过上限，教育部门会增加教师数量或增设资源教室，未达到则会设置至少一个资源教室。对于身心障碍学生少于 5 人的学校，会采用特殊教育教师巡回辅导方式服务学生。

我国台湾地区资源教室分设行政处室、特殊教育推行委员会、辅导室、教务处、训导处、总务处、会计室、人事室等部门，各司其职，管理规范。行政处室负责审核

资源教室工作计划；定期召开推行小组会议、个别化教育会议，协调各有关人员；聘请教师；进行资源教室行政视导；做好行政业务上的协调。特殊教育推行委员会主要负责召开特殊教育推行会及期末检讨会议，处理特殊教育推行会相关法定任务；针对特殊学生问题确定行政支援及处理方式的程序；开展特殊教育宣导工作；制订校内商定流程，筛选商定程序、入班出班或者回归标准；制订专业团队服务办法；结合校内辅导三级预防制度，推动特殊教育服务；做好其他特殊教育相关业务的配合与支持。

三、资源教室对教育的影响

（一）资源教室对普通教育的影响

首先，资源教室作为随班就读的一种补充形式，对普通教育的教学形式影响很大。普通教育以传统的班级授课制为主，资源教室一般采用个别化或者小班制授课形式，针对不同类型的特殊儿童进行有针对性的教学，如对脑瘫儿童进行康复训练。其次，普通教育的教学对象只针对普通人，资源教室的教学对象既可以是有特殊教育需要的普通儿童，也包括特殊儿童，服务对象更加广泛。最后，资源教室作为一种弹性的教育支持方式，是普通教育和特殊教育之间沟通的桥梁。它可以增加特殊儿童和普通儿童互动的机会，促进他们人际交往和社会适应能力的发展，可以满足具有个别差异儿童的特殊教育需求，为他们在普通学校接受平等的教育提供适合的环境，为特殊儿童个性化学习和发展提供多元专业支持。

（二）资源教室对融合教育的影响

资源教室是普通教育支持融合教育发展的重要载体。融合教育是一个跨学科、跨专业的综合领域，需要普通教育和特殊教育进行密切协作。当前我国的融合教育形式主要体现在让特殊儿童在普通学校随班就读的形式，也有让特殊儿童在普通学校附设的特教班就读的形式。根据融合教育的要求，必须变革教育体制满足特殊儿童的需求。为满足特殊儿童的发展需要，学校必须在课程设置、教学组织、学习环境、师资队伍、评价方式、家校协作等方面进行积极变革。普通学校随班就读可以分为普通班和普通班辅以资源教室两种安置方式。

资源教室在课程开发和创新教学方法方面具有促进作用。针对各类不同发展水平的特殊儿童，教师可以充分运用资源教室的各种教具、学具等资源，采用分组教学或个别教学等形式，为他们提供分层支持，提高教学和康复的有效性。资源教室作为专业的资源和服务平台，能为特殊儿童、家长及学校提供专业支持，搭建平台，使普通教育与特殊教育通力合作，为提升融合教育质量奠定基础。

本章小结 ·····▶

　　资源教室是在普通学校或特殊教育学校设立的集课程、教材、专业图书以及学具、教具、康复器材和辅助技术于一体的专用教室。它最早在 1913 年由欧文提出设立，主要用于帮助视觉障碍儿童在普通学校就学，但由于条件有限，成效不够，后未被继续使用。资源教室作为实施融合教育的重要载体，主要有部分时间资源教室、专门类型资源教室、支持性资源教室三种类型。

　　本章对我国大陆地区和台湾地区资源教室的发展进行了详细介绍。我国大陆地区资源教室经历了萌芽阶段、探索阶段、规范发展阶段，资源教室发展相关法律法规罗列清晰。我国台湾地区资源教室发展较为迅速且发展比我国大陆地区早，绝大多数普通学校设置了资源教室，以保障身心障碍儿童的融合教育质量。我国台湾地区在资源教室发展方面，政策制度建设完善，覆盖面广，管理规范。资源教室的发展促进了普通教育的变革，推动了融合教育的发展。

思考与练习 ·····▶

1. 资源教室指的是什么？有哪些类型？
2. 我国大陆地区资源教室的发展有哪些阶段？
3. 资源教室的建设对教育的影响体现在哪些方面？

第二章　资源教室的规划与建设

学习目标

知识目标

1. 了解资源教室的服务对象及其功能。

2. 理解资源教室建设的理论依据。

3. 知悉资源教室建设的基本要求。

能力目标

1. 能理解和运用多种理论为特殊儿童提供支持服务。

2. 能对资源教室的运作及其设施设备等进行管理。

情感目标

1. 关注特殊儿童的个体间差异及个体内差异，尊重其发展规律。

2. 关注特殊儿童的社交情感需求，给予其充分的耐心和爱心。

思维导图

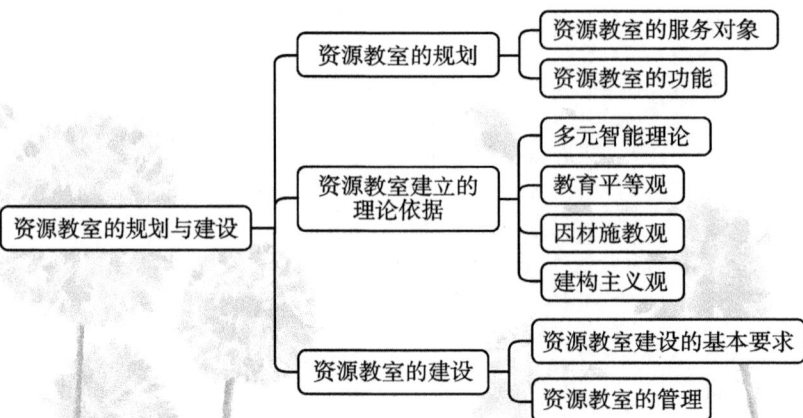

▶ 第一节
资源教室的规划

一、资源教室的服务对象

资源教室被定义为一种部分时间制的支援性特殊教育措施或教学组织形式。[1] 其服务对象通常为校内具有特殊教育需求的儿童或区域内具有特殊教育需求的人群，也包括为儿童提供相关服务的工作人员和与儿童教育相关的人员，如社区工作人员、教师及家长等。

资源教室的服务对象从狭义的某类障碍儿童扩展至具有特殊教育需求的儿童及为其提供相关服务的教师和家长等。[2] 资源教室的服务对象初始包括聋、盲、智力障碍三类特殊儿童，其涵盖范围较为狭窄。随着融合教育的推进，随班就读逐渐成为我国融合教育的主流形式，部分普通小学建立了主要为智力障碍儿童服务的资源教室。[3] 资源教室的服务对象逐渐扩展至聋、盲、智力障碍及其他发展性障碍儿童，包括孤独症儿童、学习障碍儿童、注意力缺陷障碍儿童及具有情绪问题行为的儿童等。随着特殊教育的不断发展，建设高质量的特殊教育体系已成为我国教育发展的目标之一，是实现教育全面高质量发展的重要环节。《"十四五"特殊教育发展提升行动计划》明确提出，到 2025 年，初步建立高质量的特殊教育体系。同样，此行动计划还指出要推进融合教育，全面提高特殊教育质量。由此，融合教育已成为实现特殊教育高质量发展的重要推力，促进融合教育的发展是推进特殊教育高质量发展的必要条件。融合教育的发展使资源教室的服务对象扩展至特殊儿童，其包括处于多元文化背景下的儿童、处境不良儿童以及超常儿童等。[4] 此外，我们还应通过给为特殊儿童服务的教师、家长、社区工作人员等提供支持、咨询和培训等服务，实现资源教室服务对象的多样化和多元化等。

---

[1] 王振德：《资源教室的理念与实施》，载《中国特殊教育》，1997(3)。
[2] 陈启敏：《资源教室功能评估研究》，硕士学位论文，重庆师范大学，2007。
[3] 王振洲：《四川省新津县随班就读资源教室的系统化建设研究》，硕士学位论文，重庆师范大学，2014。
[4] 魏勇刚、李红：《同伴指导在智力落后者教育干预中的作用》，载《教育探索》，2003(12)。

二、资源教室的功能

资源教室作为一种支援性特殊教育措施，其在实践过程中具有多种形式。不同地区、不同学校、不同类型的资源教室的功能定位可能不尽相同，但其本质功能是一致的，即为具有特殊教育需求的儿童及提供相关服务的教师、家长等提供支持，以更好地实现特殊教育发展目标。资源教室的功能总体上分为三个方面：为特殊儿童提供支持性教育服务，为资源教师提供专业支持服务，为特殊儿童家长提供咨询指导服务。

（一）为特殊儿童提供支持性教育服务

1. 进行教育筛查诊断

为了解特殊儿童的发展水平及其教育需求，资源教师需协同普通教育教师、医生、家长及其他相关服务人员等对特殊儿童开展教育筛查诊断，以更好地确定其教育教学方案。教育筛查诊断应从医学、心理及教育三方面，协同多方人员，对儿童开展全面客观的评估，明晰其最近发展区，并为其制订个别化教育计划。教育筛查诊断主要涉及三个方面的工作：一是在入学前对特殊儿童进行个人基本情况及学前教育情况的调查，包括其残疾类别、残疾等级、认知水平、动作发展能力、生活适应水平及早期干预年限等，为其建立个人档案，以更好地进行后续的评估和相关计划的制订。二是入学后对特殊儿童进行各教育阶段的形成性评价，以了解其在教育过程中发展水平的提高及存在的问题等，及时地对教学成效进行反馈，更新教育教学目标。三是通过收集和整理医院或康复中心对特殊儿童医学评估或心理测查的结果，并将其与特殊儿童现阶段的形成性评价进行对照，以全面了解特殊儿童的发展现状，做出更具客观性的教育诊断。

2. 制订个别化教育计划

资源教室的服务应具体落实到每一名特殊儿童，并为其制订个别化教育计划，并以此为基础实施资源教室服务。[①] 特殊儿童在融合教育的过程中可能会出现学习进度滞后、社会交往问题、情绪行为问题及适应能力发展不良等情况。由此，制订个别化教育计划，以普通班课程为基础，进行学业补救教学、行为支持、社会适应能力训练及社会交往能力提升等，有助于特殊儿童的成长和发展，使其能更好地适应普通班的

---

① 许家成、周月霞：《资源教室的建设与运作》，32 页，北京，华夏出版社，2006。

教学，最终提高融合教育的质量。比如，孤独症儿童在普通班的学习过程中可能会出现情绪行为问题或社会适应不良问题，资源教师可在资源教室方案实施的过程中有针对性地对其进行正向行为支持等训练，促进其更好地适应校园的学习生活，从而获得充分发展。个别化教育计划的制订需协同多方相关人员，如教师、家长、医生、康复治疗师等，还应参考筛查诊断的结果，观察记录并分析儿童的具体情况。这样才能制订具有客观性、针对性、可操作性的个别化教育计划。

3. 进行学习辅导

特殊儿童具有个体差异性，其在发展过程中往往有一定的障碍或特殊教育需求，由此在融合教育的过程中易出现学习进度滞后、学习效率较低甚至无法完成课堂学习任务等问题。由此，为特殊儿童制订个别化教学计划，并以此为基础进行学习辅导，有利于其适应课堂教学活动，提高认知水平。[1] 对特殊儿童进行学习辅导应遵循个别化教育计划，并结合课堂学习任务，与任课教师密切合作，以多角度、多形式的方式为特殊儿童提供学习辅导，指导其完成课堂学习任务。此外，学习辅导方式的多样化可体现在学习辅导的组织形式上，如小组辅导、助学伙伴辅导等。值得注意的是，学习辅导并不能替代课堂教学，其仅作为一种支援性教育措施，为特殊儿童提供支持性的学习辅导。

4. 提供教育训练

特殊儿童由于其障碍或不良处境等影响，在接受教育的过程中可能会出现适应不良、社会交往困难等问题，此外，肢体障碍儿童可能还会出现环境适应性较差的问题。由此，资源教室可配备相应的专业设施设备，为特殊儿童提供有针对性的教育训练，目的在于缺陷补偿、开发潜能，使特殊儿童能更好地参与和适应校园学习生活。教育训练包含多方面，如语言训练、社会交往训练、肢体训练等。语言训练和社会交往训练可提高特殊儿童的语言理解能力、表达能力及沟通交往的能力，肢体训练可以对特殊儿童的肢体障碍进行支援和缺陷补偿。

(二)为资源教师提供专业支持服务

1. 进行特殊教育信息供给

资源教师除承担为特殊儿童提供补救教学、学习辅导、教育训练、筛查诊断等任

---

① 李妍伶：《成都市随班就读学校资源教室方案建设和运作现状与发展对策研究》，硕士学位论文，四川师范大学，2015。

务，也为普通教育教师提供咨询、培训等支持性服务。①② 一般而言，普通教育教师缺乏特殊教育的专业背景，其掌握的特殊教育专业知识较为薄弱，在融合教育的过程中易出现疑惑或遇到困难，对特殊教育相关信息的检索、整理和总结等较为生疏，无法得到充分的特殊教育专业信息，难以解决教育教学过程中所遇到的问题。由此，资源教室所配备的书籍、设施设备、电子数据、康复器材、教具学具等可为普通教育教师提供专业信息，使其了解特殊教育相关专业知识，掌握国内外的融合教育工作动态，应对教育教学过程中所面临的困境，从而提高融合教育的质量。

2. 展开特殊教育校本培训

资源教室在其运作过程中应充分发挥其效能，为特殊儿童及相关人员提供支持和协助，其包括为特殊教育相关工作人员提供专业知识培训等。校本培训即以学校为本位，由资源教师开展，目的在于促使特殊教育相关工作人员了解和掌握融合教育过程中所需的专业知识技能等，以更好地推进融合教育。其中，专业知识培训主要包括特殊教育概论、特殊教育相关法律法规、融合教育案例、康复保健基础知识等。专业技能培训主要涵盖个别化计划制订、初步筛查、资源教室设施设备的使用、特殊儿童教育训练方法等方面。此外，校本培训还可促使资源教师与普通教育教师互相交流与学习，对近期出现的问题进行沟通，讨论问题解决的方法策略，针对问题咨询专家的建议等。

3. 提供特殊教育技术支持

普通教育教师在实施教学的过程中往往会面临专业技能不足、缺乏相应的教具和学具等问题。为普通教育教师提供特殊教育技术支持，可协助其更好地完成教育教学工作，提升教育教学质量。在提供特殊教育技术支持的过程中，应尽可能保证其针对性、多样性及专业性。比如，在进行教育教学工作时，对于视力障碍儿童，资源教师应在座位安置、板书、教材使用等方面提供技术支持，给予普通教育教师指导意见。对于听障儿童，应在课堂站位、座位安置、授课语速及口型、助听器的类别及使用常识等方面给予普通教育教师指导。对于孤独症儿童，则应为提供应用行为分析、小步子教学、任务分析法等技术支持。一言以蔽之，资源教师应充分发挥资源教室的功能，调动普通教育教师的主观能动性，通过多方沟通与合作达到融合教育高质量发展的目标。

---

① 许家成、周月霞：《资源教室的建设与运作》，5 页，北京，华夏出版社，2006。
② 刘全礼：《随班就读教育学——资源教师的理念与实践》，46 页，天津，天津教育出版社，2007。

（三）为家长提供咨询指导服务

1. 为家长提供咨询服务

资源教室配有专业的师资、书籍、设施设备、康复器材及教具、学具等，可以成为家长的咨询服务中心。资源教师可以定期与家长进行沟通交流，反馈特殊儿童近期学习和训练的现状及问题，积极为家长答疑解惑，协同家长进行相关的教育训练，实现家校合作。资源教师可以通过协同家长进行教育训练、建立资源教室联系手册、开通资源教室公众号和咨询服务电话等方式为家长提供咨询服务。

2. 进行家长培训

资源教室以其资源为依托，为家长提供多样化的培训，可使其掌握一定的特殊教育专业知识，了解特殊教育发展理念，树立科学的育儿观念，缓解其心理压力。我们可通过线上和线下两种方式展开，如家庭教育讲座、座谈会、专家答疑会、网络培训课程等，为家长提供专业知识及技能的培训，使其能进一步了解特殊儿童的身心发展规律及相应的教育措施等，促进特殊儿童的全面发展。

3. 提供家庭教育的技术支持

家长在家庭教育过程中通常会遇到一定的困境，且可以了解相关资料的渠道较为狭窄。甚至有些家长不知从何处获取相关的资料及指导建议等。由此，资源教室应在其运作过程中，为家长提供技术支持，给予他们具体化、针对性强的支持性建议。比如，面对有情绪行为问题的儿童的家长，资源教室可以为其提供正向行为支持、应用行为分析等指导建议，使其能掌握一定的行为矫正与训练技术，实施有效的教育，从而充分发挥自身的效能，成为家校合作的桥梁。

▶ 第二节
资源教室建立的理论依据

一、多元智能理论

1967 年，心理学家霍华德·加德纳以负责人的身份加入哈佛大学教育研究生院，并创立了"零点项目"。在研究工作中，加德纳逐渐发现人类可同时拥有多种不同的能

力并将其命名为"多元智能"。① 1983 年，加德纳在其《智力的结构：多元智能理论》
一书中详细阐述了多元智能理论的内容与类型等。他提出，人的智能并非一元的，而
是多元的。他提出人的智能主要分为八类，即语言智能、音乐智能、逻辑—数学智能、
空间智能、身体—动觉智能、自我认知智能、人际智能及自然观察智能。② 这八种智
能具有相对独立性，每个人的智能表现方式不尽相同，且亦有强弱之分。多元智能理
论的提出使以全面、客观、发展、多元化的眼光对儿童进行教学和评价的理念得到传
播和发展，并逐渐融入教育实践领域。

在融合教育的发展过程中，多元智能理论为特殊儿童的教育教学提供了理论依据。
特殊儿童在其成长发展过程中通常伴随着一定的缺陷障碍或处境不良等情况，其可能
表现为肢体障碍、语言障碍或社交障碍等。由此，我们应以多元智能理论为依据，观
察和发掘特殊儿童的多元智能，对其发展良好的智能进行充分利用，对其发展不良的
智能进行缺陷补偿，以多元动态的视角对其进行教学及评价等，有利于其获得全面
发展。

二、教育平等观

教育公平是社会公平在教育领域的体现，是政治、经济、文化等领域的公平权利
在教育领域的引申。③ 随着世界经济发展，追求教育公平成为世界各国所追求的理想，
教育平等观亦在不断地演变和发展。教育平等观在我国的历史源远流长，其可追溯到
孔子的"有教无类"思想。"有教无类"体现了鲜明的教育平等倾向。④ 西方国家近代资
产阶级先驱将新兴阶级所要求的"平等"思想推广至教育领域，并提出了"教育平等"的
口号，要求以"天赋人权"的思想为基础，赋予每个人的教育平等以人权的意义。随着
社会发展，全人发展的思想逐渐渗透至教育领域，教育平等观的内涵也随之改变。教
育平等观总体上分为教育权利平等和教育机会平等。现今，教育平等不再局限于受教

---

① 李婷婷：《基于多元智能理论的线上少儿汉语课教学设计》，硕士学位论文，哈尔滨师范大
学，2022。

② ［美］霍华德·加德纳：《多元智能新视野》纪念版，沈致隆译，14～21 页，杭州，浙江人民
出版社，2017。

③ 草珺：《社会主义教育公平观及其实践对策研究 ——以我国西北地区基础教育为例》，博士
学位论文，兰州大学，2017。

④ 韩晓剑：《构建和谐社会进程中教育平等问题研究》，硕士学位论文，哈尔滨理工大学，
2008。

育权的平等，开始关注受教育质量、教育目标实现、教育评价等方面的平等，着眼于人的个体差异性，主张满足人自身发展的教育需求，以真正实现全人发展。

特殊儿童是个体差异性较大的群体，具有一定的特殊教育需求，可能在接受普通教育的过程中无法得到充分的满足。由此，基于教育平等观的内涵，我国应针对特殊儿童建立资源教室、配备资源教师等满足其差异化的教育需求，对其进行有针对性的训练和评估，提供适合其自身发展的教育，以真正实现教育平等。

三、因材施教观

因材施教观始于孔子。孔子曾言："中人以上，可以语上也；中人以下，不可以语上也。"此话意为，依据人的智力水平及接受能力可将人分为中上人、中人及中下人三种，对其进行教育时可将深奥的学问告予中上人，而不可告予中人及中下人。孔子在其教育实践过程中充分运用了因材施教这一理念，尊重学生的差异性，在了解学生的基础上予"教"，且教育效果十分显著。据《论语》记载，"德行：颜渊，闵子骞，冉伯牛，仲弓；言语：宰我，子贡；政事：冉有，季路；文学：子游，子夏"。宋代学者朱熹在其《论语集注》一书中对此记载内容进行注释，其言："弟子因孔子之言，记此十人，而并目其所长，分为四科。孔子教人各因其材，于此可见。"[①]由此可知，孔子根据学生的性格进行分类，在了解学生差异性的基础上选择相应的教学内容及教学方式，以满足不同学生的教育需求，促进学生的良好发展。因材施教观发展至近现代，其以平等尊重的理念为核心，逐渐吸纳和延伸出多种教育理念，如最近发展区理论，即强调关注学生实际水平和潜在水平之间的距离，并以此为依托进行教学设计。[②]此外，这些教育理念还包括以生为本的教育理念、人的全面发展学说、启发式教学等，皆是因材施教观所涵盖的理念或促发的教育思潮。

因材施教的教育理念强调了解和尊重学生的差异性，并针对其差异性组织教学，使其能更好地接受符合其自身发展需求的教育，获得全面发展。基于因材施教观的理论基础，资源教室可以为特殊儿童提供筛查诊断、观察评估、个别化教育计划的制订、康复训练、补救教学等服务，目的在于承认并尊重特殊儿童的差异性，关注其特殊教育需求等。

---

① [宋]朱熹：《论语集注》，200页，北京，商务印书馆，2022。
② 王光荣：《维果茨基的认知发展理论及其对教育的影响》，载《西北师大学报（社会科学版）》，2004(6)。

四、建构主义观

建构主义是由皮亚杰、维果茨基等人的思想发展而来的一种认知理论。皮亚杰首先提出了儿童的知识结构是在周围环境的相互作用过程中建构的，儿童以同化和顺应的方式实现自身知识结构的发展，其所创立的儿童认知发展学派被称为日内瓦学派。[①] 美国心理学家奥苏伯尔和教育学家布鲁纳等人从认知结构的性质、发展条件及社会环境对心理发展的影响等方面对建构主义理论进行了扩展，使建构主义理论的内涵更为丰富和完整，为其应用于教育教学实践中奠定了良好的理论基础。建构主义强调"知识并非学习者从教师教学中直接获得的，而是学习者在一定的学习情境中依托他人（如教师和同伴）的协助，运用必要的学习材料，汲取并吸收一定的学习资源，以教学媒体为媒介，通过意义建构的方式获得的。[②] 建构主义在其发展过程中，其内涵逐渐明晰并分为五个方面：建构主义学习观、建构主义知识观、建构主义学生观、建构主义教师观及建构主义教学观。在建构主义理念的基础上，传统的填鸭式教学不再适应教学实践，支架式教学、抛锚式教学及随机通达教学逐渐得到关注和重视。此类教学方法主要强调教学的情景建构及互动性，培养学生合作学习及自主探索的能力，使其能真正实现知识的建构。

建构主义重视学习与生活实际的结合，强调关注学生周围的环境及人、事、物等，认为学生知识的建构离不开其与教师、家长、同伴等的交流与合作。特殊儿童在其学习过程中亦离不开环境的创设。资源教室配备了专业的设施设备，具有专门的师资，为特殊儿童的学习创设了良好的环境。此外，特殊儿童在资源教室学习的过程中可以通过同伴互助、学习小组、师生互动等方式完成知识的建构，实现自我发展。

---

① 吴适浩：《基于建构主义下的普通高校体育课堂师生互动研究》，硕士学位论文，河南大学，2022。

② 高文、徐斌艳、吴刚：《建构主义教育研究》，34页，北京，教育科学出版社，2008。

▶ 第三节
资源教室的建设

一、资源教室建设的基本要求

（一）人员要求

1. 落实资源教师编制，增加专任资源教师的数量

资源教室在运作过程中需要承担多项工作，如特殊儿童初步筛查、特殊儿童评估安置、教师培训、巡回指导、家长咨询、补救教学以及送教上门等。其需要一定的人员投入，且应保证人员配备具有一定的稳定性、专业性等。首先，应落实资源教师的编制，确定每间资源教室所需的资源教师人数。确定所需资源教师人数的同时为其争取独立编制，不再从特殊教育学校或普通学校中抽调教师担任资源教师，保证资源教室运作效率的同时极大地降低对学校工作安排的影响，减轻学校教师的负担。其次，应合理增加专任资源教师的数量。在资源教室的实际运作过程中，资源教师通常由特殊教育教师专门担任或由普通教育教师兼任。但专任的特殊教育教师所占比例较小，且其通常兼任其他教育教学工作或行政事务等。[①] 增加专任资源教师的数量，有利于资源教室充分发挥其效能，更好地指导校内随班就读及送教上门工作，辐射区域内的普通学校，以真正实现融合教育的高质量发展。

2. 加强资源教师培训，提高和保障资源教师的专业水平

资源教室通常设置在普通学校中，除承担校内特殊儿童的相关教育教学工作外，还承担校内乃至区域内普通教育教师的培训和指导工作。以资源教室为基点，建立区域内特殊教育资源中心，巡回指导区域内接纳特殊儿童的普通学校及普通班等，是我国目前融合教育实践的重要形式。由此，资源教师的专业水平起着极其重要的作用，资源教师的专业背景、特殊教育经验、行为训练方法、康复医疗基本常识等皆影响着资源教室效能的充分发挥，从而影响融合教育的发展质量。定期组织资源教师接受专业培训，保障其专业知识的持续吸纳和更新，有利于资源教室发挥其效能。资源教师培训总体上可以分为线上和线下两种形式，包括专家讲座、网络课程、网络会议、线

---

① 杨小娟：《区级特殊教育资源中心建设与运行现状、问题及对策研究——基于对重庆市主城都市区 N 区的调查》，硕士学位论文，西南大学，2021。

下座谈会、专家巡回指导、医疗康复实操等。多领域、多层次、多元化的培训有助于提高资源教师的专业水平，提高其专业技能，使其能更好地为特殊儿童及其相关工作人员、家长等提供支持性服务。

3. 保持资源教师的相对稳定性

资源教师承担校内乃至区域内的特殊教育相关工作，包括个别化教育计划制订、咨询指导、行为训练等。其中个别化教育计划制订及行为训练等皆为具有系统性、科学性、累积性及协同性的支援性教育措施。相对稳定的资源教师有利于个别化教育计划系统科学地实施，且能连续、科学地对特殊儿童发展的各阶段进行形成性评价并对照教育目标进行调整，最终推进资源教室工作的深入开展。对于资源教师而言，相对稳定的工作经历有助于其积累专业经验，加强专业知识的积淀，促进个人职业生涯的发展。

(二)场地要求

1. 面积要求

资源教室应具有专门的场地和区域，应独立于校内其他的教学场所之外，避免造成教学活动的相互影响。确定资源教室的面积时应充分考虑校园总面积、学生人数、服务对象的数量及类别、需要提供的功能等因素。一般而言，一类资源教室的面积应在 100～120 平方米，有 2～4 间；二类资源教室的面积应在 60～100 平方米，有 1～2 间；三类资源教室的面积应在 60 平方米以下，有 1 间。[①]

2. 区域要求

为避免教学活动的相互影响，充分发挥资源教室的效能，资源教室应具有专门的区域划定，且应有明确的功能区。资源教室的功能区主要分为以下几个方面。

(1)办公区
办公区指资源教师办公的区域，其涵盖档案管理、处理日常事务等。

(2)接待区
接待区主要用于接待学校教师、家长、特殊儿童、指导专家等。

(3)诊断咨询区
诊断咨询区用于对特殊儿童进行初步的教育筛查诊断、教学评估、身体功能的评

---

① 于文、李莹：《资源教师专业成长的理论与实践》，14～15 页，北京，北京邮电大学出版社，2009。

量与测试及心理咨询等。

（4）学习训练区

学习训练区用于观察和了解特殊儿童的学习习惯、学习状态、行为问题、动作发展水平，并以此为基础进行学业补救教学、行为训练、同伴互助学习、学习技能训练及合作小组学习等。

（5）康复训练区

康复训练区用于对特殊儿童进行有针对性的康复训练，如肢体康复训练、社会交往能力训练、盲文阅读训练等。此外，康复训练区还可协同家长、康复治疗师等进行家庭康复训练、小组康复训练等。

（6）教学资源区

教学资源区指配备各类教育教学资源，如图书、期刊等，且没有储存、管理和制作多种教具、学具、玩具等的功能区。

（7）阅读会议区

阅读会议区用于特殊儿童、教师及家长阅读书籍、刊物和查阅资料等。此外，该区域还承担召开小型会议、开展教研活动、备课研讨等功能。

以上七个功能区为资源教室常见的区域，其主要涵盖了办公接待、学习训练及教学资源三大领域。在实际的运作过程中，资源教室的功能区可以根据资源教室的面积、服务对象的数量、所承担的功能及所辐射的区域等进行细化或整合，以便符合相应区域或学校的融合教育需求。

3. 其他要求

资源教室在建设过程中除应关注面积及功能区外，还应重视以下几个方面。

（1）安全性

资源教室作为校内建筑，承载着教育教学工作，关系着特殊儿童、教师、家长及其他相关人员的人身安全。由此，资源教室的安全性不容忽视。资源教室安全性的要求应着眼于建筑结构安全、室内设施安全、消防通道建设、灭火设施配备、电线及电源开关保护等。

（2）通用性

特殊儿童包括盲童、肢体障碍儿童等具有一定行动障碍的儿童，其在进出资源教室时应享有通用性设计，能无碍地进出资源教室。

（3）卫生性

资源教室的环境卫生同样是需要重视的方面，应配备适当的清洁用品及清洁设备等。资源教室内的教具、学具、康复设备等应定期消毒和清洁，保证其卫生安全。此外，资源教室的地面、窗台、桌椅等亦应定期清洁，保持其干燥和卫生。

（三）设施设备的要求

1. 设施要求

资源教室的设施要求主要体现在良好的物理环境，如教室的墙面、地面、门窗都应达到相应的建筑标准，符合安全及卫生的要求。此外，教室的通风、采光亦应符合特殊教育学校教室的建设标准，还应配备专门的办公设施及教学设施等。

2. 设备要求

资源教室的设备主要包括办公设备、存储设备、教学设备、视听设备及康复训练设备等。

办公设备包括办公桌椅、会议桌椅、办公电脑、办公用品、打印机、传真机等。

存储设备包括资料柜、储物柜、书柜、文件收纳盒、档案柜等。

教学设备包括教具、学具、多媒体设备、儿童绘本、儿童桌椅、激光笔、扩音器等。

视听设备包括音响、多媒体设备、平板电脑等。

康复训练设备包括各类康复器材、康复用具等。

（四）资源的要求

对于资源教室，其资源必然是其建设过程中的核心所在。资源教室中的资源主要分为教育教学资源及康复训练资源两大类。在资源教室建设的过程中，应充分收集和整理相关资源，并关注资源的质量，使资源能成为资源教室强有力的内核，真正地推进资源教室的运作。资源可以分为以下几种。

1. 专业资源

专业资源包括诊断评估工具、心理量表、课程评估工具及各类参考书籍，具体包括智力筛查评估量表、行为观察量表、访谈记录表等。

2. 书籍资源

书籍资源主要包括特殊教育专业书籍、期刊等文献资料以及教育学类的专著、期刊、课程标准、教材用书等。此外，康复治疗类、儿童心理学类等书籍亦包含在内。

3. 教具、学具及玩具资源

教具、学具主要为教师在教育教学工作中所使用的辅助教学或提升教学效率、教学质量的用具，包括操作板、洞洞书、仿真水果、仿真食品、有声书等。此外，提升学生的手眼协调能力、培养学生的思维能力的玩具亦是资源教室中的重要资源，雪花片、积木块、七巧板等皆为此类资源。

4. 网络资源

网络资源主要为电子数据库、特殊教育相关文献、普通教育相关文献、学生电子档案及区域内的教学资源和信息等。

5. 康复训练资源

康复训练资源主要包括康复训练设备、康复训练相关图书及资料、康复治疗师、康复训练技术等。

(五)任务的要求

资源教室的运作应具有科学性、系统性及统整性。我们应制定资源教室方案、拟订工作计划、协同多方人员、确立学生的个别化教育计划并组织定期的评估，使资源教室在运作过程中遵循一定的工作程序，充分发挥其效能。

二、资源教室的管理

资源教室的管理主要分为设施设备管理、资源管理、档案资料管理、学生管理、人员管理等几个方面。有组织的、系统的管理是资源教室运作的重要条件，影响着资源教室发挥其功能，是推进融合教育发展的要素所在。由此，资源教室管理制度的建立应当严格、详细且责任分明，以确保其管理体系的正常运作和查漏补缺、及时更新等。资源教室的管理应包含学校管理及相关教育部门管理，可以从以下几个方面展开。

(一)学校管理

1. 落实管理责任人，建立资源教室管理系统

学校在管理过程中应首先将责任落实到人，确立资源教室的分管部门及主要负责人等，对相关责任人增权赋能，明晰其责任划定，建立完备的资源教室管理系统。图 2-1 为资源教室管理系统示意图。

```
        ┌─────────────────┐
        │   学校校长       │
        │ （总负责人）     │
        └────────┬────────┘
                 │
        ┌────────┴────────┐
        │   分管校长       │
        │ （分管部门负责人）│
        └────────┬────────┘
                 │
        ┌────────┴────────┐
        │ 资源教室负责人   │
        └────────┬────────┘
          ┌──────┴──────┐
    ┌─────┴────┐  ┌─────┴────┐
    │  教务处   │  │  总务处   │
    │（事务管理）│  │（后勤管理）│
    └─────┬────┘  └─────┬────┘
          └──────┬──────┘
        ┌────────┴────────┐
        │   资源教师       │
        │（各项事务具体管理）│
        └─────────────────┘
```

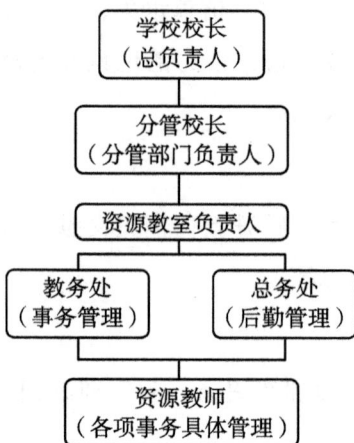

图 2-1　资源教室管理系统示意图

2. 制定资源教室规章制度

制定清晰、合理的资源教室规章制度，有利于资源教室在运作过程中遵循相对固定的工作流程，保障运作过程中有据可依、有章可循，从而保障其功能的实现。资源教室规章制度可以从使用登记、器材借还、消毒通风、环境卫生、用电安全、工作流程、图书借阅、设备维护、故障保修、资源更新、物资领取等多个方面进行制定，以保障其实际运作过程中的规范性、安全性等。

3. 保障资源教室的安全性

安全永远是学校教育工作的第一要务，坚守安全底线是教育教学过程的重中之重。学校在管理的过程中应强调和关注资源教室的安全问题，定期排查安全隐患，对裸露的电线、插座等进行处理和防漏电保护，对进出资源教室的人员进行严格管理，设置人脸识别或其他验证方式，防止外来人员进入并造成违法犯罪行为。此外，还应对资源教室的门窗桌椅、电器等设施设备进行定期的检查和维护，防止其对学生或教师等造成伤害。资源教室中的教具、学具及玩具等也应定期维护，及时地进行更换、添置等。资源教室的相关负责人应定期进行安全巡查，并记录反馈，使其安全性得到充分保障。

4. 扩展资源教室的服务范围

资源教室通常设立在普通学校中，起着支援性作用，其通常为特殊学生及相关的教师、家长等提供补救教学、咨询指导、信息供给、专业培训等服务。在资源教室实际运作的过程中，资源教室的管理人员应尽可能地保障资源教室服务的供给，逐步扩大服务范围，可以从本校延展至周边区域内普通学校，以更好地推进当地的融合教育发展。

(二)相关教育部门管理

1. 细化职责，落实责任

资源教室在运作过程中，除接受学校管理外，同样受相关教育部门的管理。在相关教育部门的管理过程中，应有专门对应的管理部门及管理人员，做到专任专管，确保管理效率及效能最大化，保障资源教室的良好运作。此外，资源教室的管理职责也应细化并落实，将各项管理业务落实至各分管部门。比如，资源教室的财政资金应由财政部门管理，人员变动应上报人事组织部门等。细化职责有利于落实责任，将各项管理事务落实至各部门及各负责人，使管理架构规范合理、有章可循。

2. 增能赋权，保障职能发挥

在资源教室发展过程中，由于所在区域特殊教育发展的实际情况等，其服务范围可能会拓展至特殊教育资源中心，承担着区域内的特殊教育支持服务功能。由此，对资源教室进行一定的增能赋权，有利于保障其职能发挥，从而使其发挥推进区域融合教育发展的作用。具体而言，对资源教室进行赋权是政府部门将部分的外部行政权和边缘性权力让渡给资源教室。[1] 其包括部分的特殊教育行政事务的管理权、特殊教育发展的指导权和特殊教育工作的督导评估权。[2] 资源教室在接受相关教育部门管理的同时可承担特殊教育相关的管理工作，如区域内特殊教育发展的规划、区域特殊教育资料的收集以及资源教室的选址和资源配备等具有一定专业性的管理工作。对资源教室进行增能赋权，保障其职能发挥，亦是相关教育部门对资源教室进行管理的一环，使其管理组织形式更为科学合理。

总之，资源教室双向垂直的管理结构有利于其效能的充分发挥，最大限度地利用自身的资源并为区域内融合教育发展提供推进力，助力融合教育发展再上新台阶。

本章小结 ⋯⋯▶

资源教室的服务对象从狭义的某类障碍儿童发展扩展至具有特殊教育需求的儿童及为其提供相关服务的教师和家长等。资源教室的功能总体上分为三个部分：为特殊儿童提供支持性教育服务，为资源教师提供专业支持服务，为特殊儿童家长提供咨询

---

① 王义：《"赋权增能"：社会组织成长路径的逻辑解析》，载《行政论坛》，2016(6)。
② 秦铭欢：《特殊教育资源中心发展现状、问题及对策研究》，硕士学位论文，西南大学，2021。

指导。资源教室建设的理论依据有多元智能理论、教育平等观、因材施教观、建构主义观。资源教室建设的基本要求包括人员、场地、设施设备、资源四个方面。资源教室的管理包含学校管理及相关教育部门管理两个方面。资源教室双向垂直的管理结构能助力融合教育发展再上新台阶。

思考与练习······▶

    1. 资源教室的服务对象和功能都有哪些？

    2. 资源教室建立的理论依据包括哪些方面？

    3. 资源教室建设的基本要求有哪些？

    4. 如何开展资源教室的管理？

第三章　资源教室的工作与服务

学习目标

知识目标

1. 掌握资源教室的工作流程。

2. 了解资源教室针对不同对象的服务形式。

3. 掌握资源教室"一人一档"的个案管理模式。

能力目标

1. 能利用"一人一档"的个案管理模式管理特殊儿童。

2. 能利用资源教室的服务形式开展融合教育。

情感目标

感受资源教室的工作与服务的意义，愿意参与其中。

思维导图

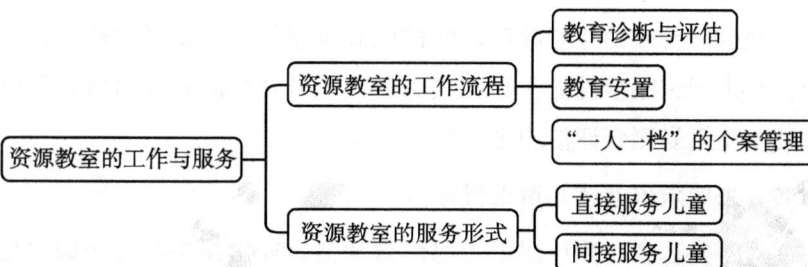

▶ 第一节
资源教室的工作流程

资源教室的工作繁多而冗杂，资源教室的工作流程由相互关联、相互协作的多个环节组成。这些环节包括个案调查、建立档案、制订个别化教育计划、执行教学计划、融入普通班级教学、教学诊断与评估等。各环节只有科学配合才能为特殊儿童提供有针对性的教育。

在众多的资源教室工作流程中，有几项工作值得资源教师重点关注。

一、教育诊断与评估

（一）审阅各类背景资料

进入普通学校接受教育的儿童一般是因为满足就近入学原则，符合相应的入学政策。因此学校在初步筛查特殊儿童时，需要关注特殊儿童之前的背景资料。被转介到资源教室的特殊儿童一般有两种情况：一是接受过学前特殊教育康复训练的特殊儿童。对这些来自学前教育机构的特殊儿童，应向家长索取特殊儿童的有关资料，如残疾类别与残疾程度的检测结果、体检表、接受学前教育的学业评估文件等。资源教师要对这些材料认真审阅，必要时求助专业人士的帮助。审阅材料的目的是了解转介来的儿童，同时对材料的科学性进行审核。二是未接受过学前特殊教育康复训练的特殊儿童。这些儿童如果接受过普通幼儿园教育，同样应向其家长索取有关材料。如果没接受过学前教育也没有进行过医学检测，则应该审阅其入学登记的有关材料，并向家长说明需要给特殊儿童做简易测查评估的必要性。

（二）对转介来的随班就读儿童进行评估

资源教室对特殊儿童的测评属于简易测查评估，通常是由经过培训的资源教师使用非标准化的简易评估工具，严格按照规定程序操作的测查评估。这种测查评估结果虽然不能作为鉴定特殊儿童残疾类别和残疾程度的依据，但是它可以粗略地描述出特殊儿童的残疾状况。其使用价值在于了解特殊儿童的特殊教育需要，以便制订个别教育计划，也为转介到专业机构进行规范检测做了前期筛查。因此，资源教室对转介特殊儿童的测评是一项十分必要的工作，对这项工作的作用要有全面、客观的认识。测评的具体内容和方法因测评对象情况的不同而有所不同，但都要进行残疾类别和残疾程度的检测、学习能力测查、社会适应能力测查、家庭基本情况调查等。

（三）对家长进行访谈

在评估特殊儿童的基础上，资源教师应安排与特殊儿童家长及有关教师的访谈。这里谈到的有关教师对初入学的特殊儿童来讲，通常指其被安置班级的班主任；对已入学的特殊儿童来讲，通常是指其班主任和担任主要学科教学的教师。

首先，资源教师应先向特殊儿童家长了解特殊儿童的基本情况，包括特殊儿童的个人基本情况、入学情况、行为表现情况等。[①] 家长访谈表如表 3-1 所示。

表 3-1　家长访谈表

姓名		性别		出生日期			接案日期	
家庭住址						联系电话		
家庭成员	称谓	姓名	职业	学历	对孩子的态度	称谓	姓名	职业	学历	对孩子的态度
入学情况	□从未入学 □曾入学 □_____幼儿园，入园时间_____。入园多久_____，因_____未继续就读。 □_____小学，入学时间_____。入学多久_____，因_____未继续就读。 □_____辅读班，入学时间_____。入学多久_____，因_____未继续就读。 □_____机构，入学时间_____。入学多久_____，因_____未继续就读。 □其他_____，入学时间_____。入学多久_____，因_____未继续就读。
听觉状况	□正常 □听觉障碍　障碍类型_____　障碍原因_____　障碍部位_____ 语音听阈或听力损失及助听器配用状况 左耳_____分贝　□尚未配　□已配用　助听器类型_____ 右耳_____分贝　□尚未配　□已配用　助听器类型_____

视觉状况	□正常 □视觉障碍　障碍类型＿＿＿＿＿＿＿＿＿　　　障碍原因＿＿＿＿＿　　障碍部位＿＿＿＿＿ 　　　　　裸眼视力或视野及视觉辅具配用状况 　　　　　左眼＿＿＿＿＿　　□尚未配　□已配用　视觉辅具类型＿＿＿＿＿＿＿＿＿＿＿＿ 　　　　　右眼＿＿＿＿＿　　□尚未配　□已配用　视觉辅具类型＿＿＿＿＿＿＿＿＿＿＿＿
肢体状况	□正常 □肢体障碍　障碍类型＿＿＿＿＿＿＿＿＿　　　障碍原因＿＿＿＿＿　　障碍部位＿＿＿＿＿ 　　　　　辅具类型＿＿＿＿＿＿＿＿＿＿＿＿＿＿＿＿＿＿＿＿＿＿＿＿＿＿ 　　　　　障碍程度　□自行行动 　　　　　　　　　　□依靠辅具，所用辅具＿＿＿＿＿＿＿＿＿＿＿＿＿＿＿＿ 　　　　　　　　　　□无法行动
何时发现孩子与其他孩子不同＿＿＿＿＿＿＿＿＿，表现在＿＿＿＿＿＿＿＿＿＿＿＿＿＿＿＿＿。	
智力 筛查	□从未筛查 □原因＿＿＿＿＿＿＿＿＿＿＿＿＿＿＿＿＿＿＿＿＿＿＿＿＿＿＿＿＿＿。 □筛查过 　筛查结果＿＿＿＿＿＿＿＿＿＿＿＿＿＿＿＿筛查日期＿＿＿＿＿＿＿ 　筛查单位＿＿＿＿＿＿＿＿＿＿＿＿＿＿＿＿
医学 检查	□从未检查过 □曾检查过　□脑CT，结果＿＿＿＿＿＿＿＿＿＿＿＿＿＿＿＿＿＿＿＿ 　　　　　　□核磁共振，结果＿＿＿＿＿＿＿＿＿＿＿＿＿＿＿＿＿＿ 　　　　　　□血液检查，结果＿＿＿＿＿＿＿＿＿＿＿＿＿＿＿＿＿＿ 　　　　　　□其他＿＿＿＿＿＿＿＿＿＿＿＿＿＿＿＿＿＿＿＿＿＿＿＿
个 人 发 展 史	出生前： 第＿＿＿＿＿＿胎 曾否患病：□从未患过　□曾患＿＿＿＿＿＿＿＿＿＿＿＿＿＿＿＿＿＿＿＿ 曾否跌倒：□从未跌倒过　□曾跌倒过＿＿＿＿＿＿＿次 曾否服药：□否　　□是，病名＿＿＿＿＿＿＿＿　药名＿＿＿＿＿＿＿＿＿＿＿ 出生时父亲＿＿＿＿＿岁，母亲＿＿＿＿岁 出生时： 胎位：□正常　□异常 曾否患血：□否　□是，原因＿＿＿＿＿＿＿＿＿＿＿＿＿＿＿＿＿＿＿＿＿＿ □顺产　□早产＿＿＿＿＿＿天　　晚产＿＿＿天 □难产：□麻醉　□吸引器　　□剖宫产　　□其他 出生场所＿＿＿＿＿＿＿＿＿，体重＿＿＿＿＿＿，身长＿＿＿＿＿ 出生后： □立即哭：□是　□否，发紫＿＿＿＿＿＿分钟　　立即吸吮：□是　□否 畸形：□无部位　　□有，＿＿＿＿＿＿　　常啼哭：□是　　□否

续表

<table>
<tr><td colspan="2">个人发展史</td><td>曾否高烧：□否　□是_____
进食情形：□正常　□异常_____
笑_____　叫爸爸妈妈_____　说简单句_____　爬____　扶物走____　独立走_____</td></tr>
<tr><td colspan="2">目前情况</td><td>□没有语言　□牙牙学语　□单音　□简单句　□会与他人交谈
□坐　□爬　□扶物走　□独立走
其他_____</td></tr>
<tr><td colspan="2">沟通方式</td><td>□口语　□手语　□肢体语言　□沟通板　□沟通图片　□读唇　□其他_____
说明：_____</td></tr>
<tr><td colspan="2">曾否患重大疾病</td><td>□否
□是，病名_____　患病时间_____　持续时间_____
住院情况_____</td></tr>
<tr><td colspan="2">目前是否患病</td><td>□否
□是：□癫痫　□心脏病　□哮喘病　□脑膜炎　□其他_____
服药情况：□未服药　□正在服药_____
服药持续时间_____
对何种药物过敏_____</td></tr>
<tr><td colspan="2">有无禁忌</td><td>□无
□有_____</td></tr>
<tr><td colspan="2">特殊行为</td><td>□无
□有，具体表现：_____，
此行为开始于_____。</td></tr>
<tr><td rowspan="6">兴趣爱好</td><td>食物</td><td>喜欢：□白菜　□番茄　□其他_____
不喜欢：□芹菜　□扁豆　□其他_____</td></tr>
<tr><td>水果</td><td>喜欢：□苹果　□梨　□西瓜　□香蕉　□其他_____
不喜欢：□苹果　□梨　□西瓜　□香蕉　□其他_____</td></tr>
<tr><td>饮料</td><td>喜欢：□牛奶　□可乐　□水　□果汁　□其他_____
不喜欢：□牛奶　□可乐　□水　□果汁　□其他_____</td></tr>
<tr><td>活动</td><td>喜欢：□看电视，内容_____　□球类游戏　□听音乐
□其他_____
不喜欢：_____</td></tr>
<tr><td>身体接触</td><td>喜欢：□亲吻　□摸一下身体部位_____　□抱一下　□其他_____
不喜欢：_____</td></tr>
</table>

兴趣爱好	玩具	喜欢：□积木　□小汽车　□玩具枪　□洋娃娃　□其他＿＿＿＿＿＿＿＿＿＿ 不喜欢：＿＿＿＿＿＿＿＿＿＿＿＿＿＿＿＿＿＿＿＿＿＿＿＿＿	
	其他补充		
	接案教师		处理方式

其次，资源教师应就评估结果向家长及有关教师做介绍和必要的说明。

说明的内容主要有：测评有哪些内容、结果怎样？该儿童是否需要转介到专门医院或机构进行检测？测评的各项结果中有无明显相互矛盾的数据？如果有，应对这些检测项目的检测过程做详细介绍。从测查和调查的结果看，该儿童有哪些特殊教育需求？有哪些优势和待开发的优势潜能？

最后，在资源教师的主持下，家长和有关教师就资源教师介绍的情况围绕教育安置进行讨论。

讨论的要点有：由家长决定要不要带特殊儿童到专门医院或机构进行检测。如果该儿童的检测中存在彼此相互矛盾的数据，资源教师、有关教师和家长要在今后的生活学习中留心观察，从观察到该儿童经常出现的比较稳定的表现中对相互矛盾的检测结果进行评价，并选择合适的时机再做测查。对资源教师介绍的该儿童的特殊教育需求、优势、待开发的潜能进行充分的谈论并达成共识，进而提出教育对策，让特殊儿童家长了解学校对特殊儿童在教育上有哪些特殊关注，让家长明白应该如何与学校教育形成合力，助力特殊儿童的发展。

二、教育安置

当教师对特殊儿童和家长进行有针对性的评估与访谈后，学校资源教师团队应该对特殊儿童的教育安置进行讨论，主要讨论特殊儿童在学校的学习班级、配备的任课教师和家长是否需要陪读等情况，从而形成对特殊儿童的教育安置意见。最后从学校层面，由学校分管教育教学的校长在教师大会上向资源教师、班主任和任课教师明确学校的教育安置意见及有关教师的职责。由班主任向家长转达学校的安置意见并协助家长确定家庭教育的措施。

教育安置是在评估和访谈的基础上，从满足特殊儿童的特殊教育需要出发，确定该儿童应该安排在哪个年级的哪个班就读。[①] 一般来讲，班额在 45 人左右的班级以安排 1～2 名残疾类别相同的儿童随班就读为宜。同一教学班如果安置两名以上或两类以上残疾类别的儿童随班就读，教师则很难做到面向全体、兼顾个别，效果往往不会好。

特殊儿童教育安置中的细节也是很重要的，如安排特殊儿童的座位。原则上是要有利于特殊儿童参与课堂学习，有利于教师对其进行个别辅导，有利于同伴助学。比如，对于低视力儿童，应允许其选择教室里适合自己学习的位置。对于听力障碍儿童，最好将其座位安置在教室前面头排的中间，既有利于其看教师口型，又使其佩戴的助听器能在有效的功能范围内。如果该儿童个子高，为不影响其他儿童学习，可以将其座位安置在教室前面头排的一侧，让其听力损失重的一耳侧靠墙。对于智障儿童来说，座位安置应尽量离教师较近，以方便教师给予照顾提示。

教育安置的另外一项内容是为特殊儿童制订教育康复计划。资源教师可以将该计划作为个别教育计划的组成部分，也可以在与个别教育计划相协调的前提下制订单独的训练计划。不论教育康复计划采取什么形式，都要确保特殊儿童以普通班级学习为主，将资源教室学习作为必要补充，二者的关系不能倒置。一般来讲，特殊儿童在资源教室学习训练的时间应控制在该儿童在校学习时间的 40％以下为宜。选择的学习时间最好是延时服务课程时间，不可占用特殊儿童参与艺体科目的时间。当然，有的特殊儿童个体内的差异往往导致其学科之间学习水平与接受能力极不平衡。比如说某个特殊儿童被安置在二年级，但是他的语文知识水平仅适合在一年级学习简单的拼音汉字，如果坚持在二年级学习语文会明显跟不上，达不到有效参与课堂学习的目的。为了满足该儿童语文学习的特殊需要，应该允许他去适合他水平的一年级学习语文。

要明确特殊儿童什么时候要去其他班级或资源教室上课，什么时候应该返回到班上来，这样的走班教学应该有完整的制度，以免班主任和任课教师认为他们的行程混乱，没办法管理。因此，资源教室应设计一张走班卡（见表 3-2），使用它可以保障走班教学有序开展。

---

① 成都市武侯区特殊教育资源中心：《资源教师工作实务》，7～13 页，成都，四川民族出版社，2018。

表 3-2　走班卡

时间	___年___月___日，星期___，第___节课	
原因	到_____教室上_____课	
任课教师签字：	班主任签字：	当堂课教师签字：

走班卡由特殊儿童的班主任管理。在特殊儿童需要走班的当天，班主任将特殊儿童的姓名、班级等各栏信息填好交给该儿童。特殊儿童凭卡才能走班。无异常情况由有关负责教师签字，如特殊儿童未按时到达走班课堂，任课教师应主动了解情况，适当处理后与班主任沟通。总之，有效走班教学特别需要教师之间加强协作，充分利用走班卡的功能，帮助特殊儿童接受有质量且适当的教学。

三、"一人一档"的个案管理

个案管理可以提示团队的各个角色在某个阶段应该完成什么事情和达到什么程度。使用个案档案的频率，就可以反映出学校随班就读工作的活跃程度。目前，各类学校更倾向于使用"一人一档"的个案管理模式。"一人一档"可以清楚、完整地记录个案的成长轨迹和资源教室的工作开展轨迹，通过档案的使用来体现对特殊儿童服务的重要作用。[①]

"一人一档"的个案管理模式的兴起，有其存在的重要意义。比如，制订特殊儿童的教育康复计划、进行随班就读教科研活动、对特殊儿童进行阶段性评估、资源教室接受上级领导部门或资源中心的检查与指导等工作，都需要查阅个案的档案。

"一人一档"的个案管理应由资源教师负责，班主任配合完成。"一人一档"的个案管理资料应该包括可以检阅的目录、特殊儿童基本信息、障碍评估资料、上阶段转接资料、残疾证、个别化教育计划、支持与服务的过程性资料，详见表 3-3。

---

① 沈剑娜：《特殊学生"一人一案"教育服务手册》，编写说明 1 页，重庆，重庆大学出版社，2021。

表 3-3　"一人一档"的个案管理资料清单

姓名：			性别：	男□	女□
班级：			出生年月：		
障碍：疑似　　　确诊					
类别：智力障碍　听力障碍　视力障碍　肢体残疾　精神残疾　其他障碍(　　　　　)					

1. 残疾证□　医院诊断书□	2. 课程测量□
3. 个别化教育计划□	4. 资源教室或资源中心服务申请表□
5. 特殊儿童基本情况信息表□	6. 课堂观察相关记录表□
7. 班级座位安置图□	8. 儿童行为调查问卷或家庭访谈表□
9. 转介、观察后的安置和建议□	10. 家长沟通记录表□
11. 教师沟通记录表□	12. 家长、教师知情同意书□
13. 资源教室课程表□	14. 资源教室语文和数学基础能力测试卷□
15. 训练计划□	16. 资源教室活动设计与记录单□
17. 训练签到表□	18. 作业、测试资料□
19. 班级课表□	20. 自我认识与评价活动资料□
21. 同学互动寄语□	22. 教师评价□

"一人一档"的个案管理包括个案转入、个案在校管理、个案转衔三个环节。

(一)个案转入

1. 接案建档

班主任和家长做咨询,资源教师给出建议(去医院做鉴定),家长带特殊儿童做检测,出示残疾证或者医学鉴定证明。班主任转介资源教师,填写转介申请表。资源教师接案并为其建立个人档案。

2. 访谈

访谈内容具体包括家长访谈,了解特殊儿童的个人成长信息;教师访谈,了解特殊儿童的学习情况(学习兴趣、态度、方式等),了解教师的用意和采取的教学策略、需要的支持;同伴访谈,了解特殊儿童在班级中的活动参与情况、同伴接纳程度等信息。

3. 转介申请反馈

资源教室将意见反馈至学校分管部门,学校分管部门将意见反馈至班主任,告知家长、教师具体的安置形式。

4. 安置方式商讨

常见的安置方式包括全天参与班级活动;大部分时间在班级,部分时间在资源教室；大部分时间在资源教室，部分时间回班级；大部分时间在班级，部分时间接受校外康复；多种形式相组合。

（二）个案在校管理

1. 收集个别化教育会议会前资料

收集个别化教育会议会前资料包括从家长处了解特殊儿童学习和生活的现状；从各科教师处了解特殊儿童的现有学科学习能力、优缺点、长期目标、短期目标；从班主任处了解特殊儿童的班级活动现状、班级培养目标、希望家长配合的目标。

2. 组织个别化教育会议

组织个别化教育会议包括召集相关人员（行政员、资源教师、班主任、任课教师、家长、特殊儿童本人等），就前期制定的目标进行商讨，最后确定特殊儿童的发展目标及相关负责人。个别化教育会议的主要流程包括：主持人介绍到会人员—家长发言—班主任发言—任课教师发言—资源教师总结发言—领导发言，明确各个参会人员的具体任务—主持人做结束发言。在个别化教育会议开展的过程中，参会人员应就个案的教育情况进行充分的讨论；资源教师应现场完成个别化教育计划的初稿录入，并请参会人员签字确认。

3. 安排上课时间

资源教师应告知家长和班主任上课时间，并让他们在知情同意书上写清楚上课时间和教学计划，让家长知悉特殊儿童的课程安排并签字。

4. 实施教学计划

给特殊儿童安排的课程包括如下几个方面。一是班级课程，按同教材、同进步、异要求的原则，对特殊儿童进行有效教学，制定适合其能力的教学目标，提高其课堂参与度。二是资源教室课程，提供特殊儿童所需的康复训练或替代课程。三是个案工作研讨会，定期组织相关人员就特殊儿童的情况进行教研。研讨的内容可以是特殊儿童的障碍类型和障碍表现、特殊儿童所需要的支持、教师需要学习的知识、模拟特殊儿童情绪问题紧急处理方法、特殊儿童的发展方向等。

5. 进班观察个案情况

进班观察是获得特殊儿童发展状况的有效途径，也是资源教室的常规工作之一。我们可以从物理位置、班级参与、课堂参与、课间游玩、同伴评价五个方面来进行观察。表3-4是资源教师进班观察记录表，用以提示自己观察的方向，也便于快速地记录当时所观察到的情况。该表适合随机观察，可以根据当下观察需要增添项目，丰富观察内容。

表 3-4　资源教师进班观察记录表

姓名：_____　班级：_____　观察日期：_____　授课教师：_____　观察员：_____

项目	一级项目	二级项目	参考选项	观察描述
进班观察	物理位置	座位(手绘简图)	1. 特殊位置 2. 正常座位	
		同桌	1. 有 2. 无	
		小组	1. 有 2. 无	
	班级参与	参与班级各项活动	1. 每项适合的活动都参与 2. 基本不参与班级各项活动(逃避，教师也不刻意引导)	
		班级里固定的任务(按数量罗列)	1. 轮流做值日 2. 整理书架 3. 照顾花草 4. 晨检	
	课堂参与	课堂中有可以合理走动的任务	1. 擦黑板 2. 发作业本 3. 收作业 4. 检查任务	
		课堂中有可以完成的作业	1. 特别设计的作业单 2. 有可替代的作业 3. 作业难度降低 4. 家庭作业安排不一样	
		课堂中有可以参与讨论的小组	1. 有可以参与的小组 2. 无可以参与的小组	
	课间游玩	课间有玩伴	1. 有固定玩伴 2. 无固定玩伴，但可以自然地加入游戏 3. 加入游戏，但同伴不是很乐意接受，也不刻意排斥 4. 想加入游戏，但是同伴都不接受他	

续表

项目	一级项目	二级项目	参考选项	观察描述
进班观察	课间游玩	遵守游戏规则	1. 遵守游戏规则，正常玩耍 2. 可以遵守规则，但坚持性差 3. 不遵守规则，故意捣乱	
		想参与游戏时的表达方法	1. 自然地表达，不强硬要求表达方法 2. 强硬地加入	
		同伴的评价	1. 好 2. 一般 3. 差	
用一个词来形容儿童的现状				

（三）个案转衔

协助转入或转出本校的特殊儿童办理相关转介手续，也是资源教室的一项重要工作。下面以成都市武侯区的转衔工作为例进行介绍。[①]

特殊儿童在特殊教育学校经过康复训练后，经资源中心组织专业团队评估，可以转回到户籍所在的普通学校就读，接受普通教育，给家长提出转衔建议。家长同意后，在资源中心领取成都市武侯区学生普特转联系表，按照表格要求完整填写信息，在资源中心和普通学校资源教师的协助下，分别在现就读学校、资源中心、转介接收学校签盖意见，最后上报区教育局。区教育局批复同意后，特殊儿童可以到转介接收学校就读。特殊儿童转介普通学校成功后，普通学校的资源教室要提供支持服务，负责衔接特殊儿童原康复教师，了解特殊儿童的能力状况、康复训练情况等，制订合适的学习计划，帮助特殊儿童尽快适应新环境，跟上普通学校的节奏。学校的学籍管理人员做好特殊儿童的变动工作。

少数在普通学校就读的特殊儿童，经过医学诊断、学校环境调整、班级教学补救、资源教室干预、专业团队支持等之后，仍然出现完全不能参与学习活动的情况，经家长同意，资源教室填写个案评估申请表，经学校同意后申请资源中心组织专业评估。如果经过评估后，特殊儿童的安置建议是转介到特殊教育学校就读，资源教师要配合

---

① 参见成都市武侯区特殊教育资源中心：《资源教师工作实务》，成都，四川民族出版社，2018。

学校与家长有效沟通，取得家长的同意后向资源中心申请领取成都市武侯区学生普特转介联系表，并协助家长按表格要求填写信息，分别在现就读学校、资源中心、转介接收学校签署意见，最后上报区教育局。区教育局批复同意后，特殊儿童可以到转介接收学校就读。个案转介成功后，资源教师要主动将特殊儿童的能力状况、情绪行为表现等档案转移给特殊儿童新的班级教师，支持特殊儿童后续教育康复训练。学校的学籍管理人员做好特殊儿童的学籍变动工作。

少数在普通学校就读的特殊儿童，经过专业化的康复训练，在校期间能够跟上普通学习，达到毕业条件，能够顺利升学的情况，资源教室应该将特殊儿童的能力状况、情绪行为表现等档案转移给特殊儿童升学班级教师，支持特殊儿童后续教育康复训练。学校的学籍管理人员做好特殊儿童的学籍变动工作。

▶ 第二节
资源教室的服务形式

资源教室作为承担融合教育的重要载体，承担着多种、多样、多形式的服务工作。这些工作主要围绕着特殊儿童开展，因此包括直接服务儿童的社会性适应训练、基本的康复训练和学科知识的补偿性训练，也包括间接服务儿童，转而面向家长提供的指导咨询服务、面向教师的支持性服务。甚至有的学校存在不能到校但学籍在册的儿童，资源教室还需要面向这类儿童开展送教上门服务。

一、直接服务儿童

特殊儿童在学校的学习生活不仅需要完成普通儿童学习和生活的部分，还需要接受个别化教育教学，从而尽可能地实现自身发展。

（一）对特殊儿童进行基本的教育康复[①]

教育康复训练的目的是为特殊儿童补偿缺陷，开发潜能，使其发现自我、完善自我。通常开展的训练包括语言训练、肢体训练、心理辅导等。语言训练主要是提高特殊儿童的语言理解能力、表达能力和沟通交往能力。训练的具体内容包括日常生活用

---

① 许家成、周月霞：《资源教室的建设与运作》，22～25 页，北京，华夏出版社，2006。

语和依据语文课程标准编写的训练教材，训练对象主要是听障儿童和智障儿童。肢体训练包括大肌肉群、小肌肉群及统合协调能力的训练，训练时可以邀请体育教师与资源教师一同为特殊儿童开展训练，并进行记录、积累资料。肢体训练要注意遵照医生的意见，争取家长的参与，使训练科学化、系统化。特殊儿童往往伴有某些心理障碍，如自卑、胆怯、自我封闭等，对他们的心理辅导也可以在资源教室进行。通常采用的方法有谈心、游戏、组织情景活动等。资源教师在进行心理辅导时要留心观察，与接受辅导的特殊儿童有良好的沟通，适时做好记录，必要时可以邀请学校专业的心理健康教师参与，获得专业支持。

(二)对特殊儿童进行社会适应性训练

因教育对象存在明显的个体性，在普通学校就读的特殊儿童会出现跟不上本班学习进度的情况，但也并不是说就没有可以参考和借鉴的课程模式。相反，资源教室课程因为接近特殊儿童的需求，又与普通学校的管理、普通教育教材、普通学校教学模式相契合，更能发挥自身的功能。资源教室应开展关于特殊儿童的社会适应性训练。比如，针对存在注意缺陷多动障碍、情绪行为问题的儿童，都要开展情绪行为管理训练，具体从基本规则、教室生存技巧、情绪处理技巧、人际互动技巧、问题处理技巧五个方面进行训练，并泛化到各个生活学习的场景中去。[①] 资源教师可以采用融合小组游戏、讲述社会故事、角色扮演等方法进行训练。因为特殊儿童都是来自学校的各个班级，他们到资源教室接受训练的目的是更好地适应班级管理和学习。所以，资源教室课程的首选教材是学生使用的普通教育教材。对特殊儿童的行为训练要在现有班级规则和教师管理风格的基础上综合考虑。现有的康复训练策略是非常多样的。比如，奥尔夫音乐课程、绘画治疗课程、舞蹈治疗课程、认知训练课程、行为训练课程、戏剧表演、游戏治疗课程等，都有助于开展社会适应性训练。资源教师应根据自己擅长的领域，选择教材中的内容进行改编，加入音乐、绘画、游戏等多样化元素，提升特殊儿童的相关能力。

(三)对特殊儿童进行学科知识辅导

学科知识辅导的目的是辅助特殊儿童完成课堂学习任务，达到为其制定的教学目标。具体做法应以任课教师制订的个别教育计划为依据，按照计划的部分内容(不适合在课堂教学中完成的)进行辅导。资源教师应深入课堂，与任课教师密切合作，从不同

---

① 昝飞：《积极行为支持——基于功能评估的问题行为干预》，96 页，北京，中国轻工业出版社，2013。

角度以不同方式帮助特殊儿童完成课堂学习任务。资源教师采取的辅导形式和方法是灵活多样的，可以是资源教师亲自辅导，也可以是助学伙伴辅导或以合作小组的方式进行学习。学习辅导不要占用上课时间，也不应以学习辅导替代课堂教学。不可增加特殊儿童的学业负担。

二、间接服务儿童

(一)普通学校资源教师的服务工作

资源教室的职责之一是面向教师提供个案咨询、技术培训和支持、教育资源，协助教师开展班级管理和教学调整。主要有以下几项工作。

1. 提供咨询服务

当遇到与特殊儿童相关的难题、班级管理的难点、教学调整方面的疑惑等情况，资源教师可以通过查阅资料、融合教研、非正式的交流等方式获得咨询服务。

2. 协助开展工作

资源教师需要与特殊儿童的班主任、任课教师进行正式会谈，包括访谈、个案研讨。接案时通过正式访谈了解特殊儿童在班级里的学习情况、同伴关系等信息；出现问题或阶段目标调整时进行个案研讨；每期和班主任、任课教师一起讨论特殊儿童的个别化教育目标，组织召开个案会，落实各自在个别化教育计划实施中的任务。

3. 配合德育处，培训班主任

班主任的自我成长是班级管理成功的关键。对特殊儿童的照顾，应建立在班级整体管理有序的基础上。资源教师应积极配合德育处工作，为班主任提供融合教育与个案行为管理策略的培训，提高其班级管理能力。表3-5是班主任培训清单，包含融合教育基本理念、个案工作流程、行为干预、正向行为支持四个板块。

表3-5　班主任培训清单

项目	主要内容	课时
融合教育理念	1. 特殊教育的主要理念 2. 特殊儿童的主要类型及特点 3. 普通学校的融合教育实施模式	2 小时
个案工作流程	1. 个案工作的基本流程 2. 班主任在个案工作中的具体任务和职责	1 小时

续表

项目	主要内容	课时
行为干预	行为干预基本理论和干预实施流程	1 小时
正向行为支持	了解正向行为支持的基本理念：照顾好自己，才能教导好学生	10 小时
	罗列班级学生的行为清单，把每一个问题当成机会；允许犯错，安全的环境中才能做得更好	
	练习设定教育学生的长远目标	
	学习处理学生常见的肢体冲突行为问题	
	了解如何分配设置班级任务	
	了解专注于解决问题和惩罚后果以及学习代替惩罚的方法	
	了解与学生沟通的技巧：感受、倾听、启发、鼓励、肯定	
	练习制作选择轮	
	学习使用沟通温度计	
	练习问句式互动，启发学生解决问题	
	练习使用教师互助、学生互助的方法解决问题	
	学习如何理解学生的问题行为	
	学习教室管理工具，如日常管理表、工具卡、和平桌、积极暂停区、班级事务表	
	如何借助(三方会议)家长的力量促进个案改善：	
	召开班会的步骤：围圈一致谢、感谢一尊重差异一沟通技能一分辨哪些是逻辑后果，哪些是解决方案一角色扮演、头脑风暴一讨论议题的妙招，确定议程一使用错误目的表	

4. 配合教导处工作，培训任课教师

提供任课教师培训清单，和任课教师一起探讨如何针对特殊儿童进行教学调整，让特殊儿童在班级学习中获得成功。表 3-6 是任课教师培训清单，有融合教育理论、个案工作流程、通用教学设计三个板块。通过接受培训，任课教师可以掌握课堂教学的调整策略，在课堂教学中做到面向全体、兼顾个体。

表 3-6　任课教师培训清单

项目	主要内容	课时
融合教育理论	1. 融合教育理论 2. 特殊儿童的主要类型及特点 3. 普通学校融合教育课堂教学调整的意义	1 小时

续表

项目	主要内容	课时
个案工作流程	1. 个案工作的基本流程 2. 任课教师在个案工作中的具体任务和职责	1 小时
通用教学设计	1. 通用教学设计理论 2. 三层级支持模式	1 小时
	1. 学生学习风格的教学调整方法 2. 参与式教学方法	1 小时
	学科知识本位评量方法	1 小时
	语文学科教学调整策略	1 小时
	数学学科教学调整策略	1 小时

(二)家长的服务工作

资源教室的职责之一是面向特殊儿童家长提供个案咨询、技术培训和支持、教育资源，协助家长更好地培养特殊儿童。常见的服务工作主要有以下几种。

1. 组织特殊儿童家长会

每一学期组织一次或两次特殊儿童家长会，向家长阐述本期的融合工作和资源教室工作计划，并征求家长的意见和建议，期末就本期工作开展情况做介绍，商讨下学期的工作计划。家长会上还可以呈现每一个特殊儿童本期的活动照片、进步表现等，让家长清楚地了解特殊儿童的发展状况。家长会上还可以帮助家长互相熟悉，鼓励家长自主组织集体活动，以便大家形成相互支持的团队。

2. 组织家委会活动

邀请家长进校进班，开展与融合教育相关的活动，可以是面向特殊儿童的活动或面向家长的讲座，也可以是面向教师的融合知识推广等。这也是让更多的人认识融合教育的一种可行办法。同时，家长的说服力强，可以带动更多的人正视特殊儿童的特殊教育需求。

3. 开设家长课程

面向家长开设系列的专题课程，以工作坊或者家长讲座的形式，让家长有机会系统地学习教育知识和技能，更快地成长，更好地支持到特殊儿童进步。开设的家长课程可以有不同障碍类型知识讲座，如感统失调障碍表现及训练方法、智力障碍表现及康复方法、注意力障碍表现及训练方法，也可以面向开设家长正向教养课程、家长自我修养课程、家长情绪关怀课程等。资源教师应根据校内家长的需求开设相匹配的课程。资源教师可以自己担任活动组织者，也可以邀请更多的专业人士参与其中。

▶ 本章小结 ····▶

　　资源教室的工作流程包括个案调查、建立档案、制订个别化教育计划、执行教学计划、融入普通班级教学、教学诊断与评估这几个环节。各环节之间的科学配合能为特殊儿童提供有针对性的教育。资源教室作为承担融合教育的重要载体，承担着多种、多样、多形式的服务工作。资源教室的服务形式包括直接服务儿童和间接服务儿童两种。这些服务能够帮助特殊儿童尽快适应学校环境。

▶ 思考与练习 ····▶

　　1. 资源教室的工作流程有哪些？需要重点关注哪些方面？

　　2. 资源教室的服务形式包括哪些方面？

第四章　资源教室的评估

学习目标

知识目标

1. 理解资源教室评估的目的。

2. 掌握资源教室评估的内容。

3. 了解我国资源教室评估的方法。

能力目标

1. 能运用各种方法对资源教室进行评估。

2. 能根据我国的要求以及特殊儿童个别化的需求对资源教室进行评估并帮助调整。

情感目标

感受资源教室对融合教育的帮助，了解我国资源教室发展的进步与不足。

思维导图

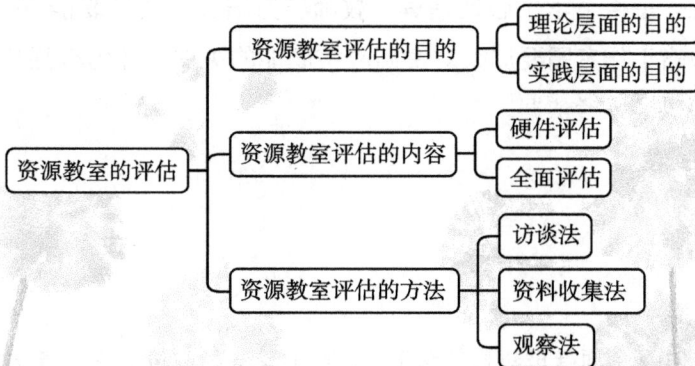

▶ 第一节
资源教室评估的目的

通过前面几章的学习我们了解并掌握了资源教室的定义以及资源教室运作的相关内容。作为影响资源教室运作的重要因素，对资源教室进行评估也是十分必要的。

一、理论层面的目的

资源教室的评估能为融合教育研究提供实际案例支撑，发现现有研究的不足，为后续地方性政策的颁布和相关研究提供一定的启示。随着我国融合教育与特殊教育的不断完善和发展，各地开始纷纷重视资源教室的建设。但由于我国幅员辽阔，不同地区的经济发展状况、风土人情、历史文化差异较大，甚至每个资源教室中的学生学情也各不相同，在对具体的资源教室进行评估时，通过对该地方资源教室的教学条件、学生的教学环境等方面进行专业评估，我们才能更加直观了解该地区特殊教育的现状与不足，具体问题具体分析，帮助相关职能部门颁布有针对性的政策并为特殊教育领域研究者提供研究思路。

例如，虽然我国的相关政策、法规对县级资源教室的建设提出了相关的要求，但是在评估走访的过程之中仍然发现，我国一些县级资源教室存在诸如管理和建设体系松散、环境建设不到位、师资力量薄弱的问题。① 这些暴露的问题为后续国家对县级资源教室和资源中心的进一步规范发展，以及人才的导向、培养带来启示。

有研究发现，在评估资源教室活动开展时，发现部分资源教室的主要职能还是聚焦在学业补偿上，忽略了学生心理辅导、教师能力培养等关键职能。② 这不仅提示教育部门和特殊教育工作者需要加大对资源教室职能的关注，还为今后研究人员对此类现象进行研究提供了思考依据。

---

① 彭霞光：《中国全面推进随班就读工作面临的挑战和政策建议》，载《中国特殊教育》，2011(11)。
② 奎媛、雷江华：《北上广资源教室政策的比较与启示》，载《中国特殊教育》，2016(12)。

二、实践层面的目的

(一)检验性目的

在资源教室的建设过程中,评估是资源教室运作的前提。以我国资源教室评估体系较为完善的北京市为例,学校按照申请方案实施资源教室的建设后,需要相关特殊教育中心对该资源教室进行各项硬件评估,检验该资源教室是否严格按照申请方案进行建设落实,包含该资源教室各项经费支出是否准确,各项设施是否达到运作标准等。各项指标通过评估后,该资源教室方可开始运作,施行教学等职能。由此可知,在资源教室运作前的评估是对其政策落实和建设实施的重要检验。这一环节为国家的资源教室政策落实和资源教室日后的教学质量提供了保障。表 4-1 为资源教室建设评估流程示例。

表 4-1　资源教室建设评估流程示例

步骤	流程
1	特殊教育中心下发资源教室项目申请通知
2	符合条件的学校提交资源教室项目申请书
3	特殊教育中心审核项目申请书,并批复
4	学校提交资源教室项目的相关材料
5	特殊教育中心组织专家对项目材料进行评审
6	将评审结果提交给区级主管领导批复、签字
7	下发《资源教室建设确认函》
8	学校实施资源教室建设方案,特殊教育中心监管和指导
9	资源教室建成后,特殊教育中心对资源教室进行评估
10	资源教室运作半年后,学校再次提交资源教室全面评估的申请书
11	资源教室接受全面评估
12	评选出区级示范资源教室和优秀资源教室

(二)建设性目的

资源教室的建设和资源教室的评估是相互成就的关系,资源教室的建设离不开资源教室的评估。只有不断地反思和比较,资源教室的各项工作才能在调节、改进中发展,我国的特殊教育体系才能不断完善、不断进步。

1. 特殊教育体系建设

为深入贯彻落实全国教育大会精神，推动特殊教育评价改革，促进特殊教育高质量发展，教育部于 2022 年 11 月印发《特殊教育办学质量评价指南》。《特殊教育办学质量评价指南》指出，对特殊教育办学质量进行评价，在加快构建优质均衡的基本公共教育服务新体系上有着以评促建的重要意义，也必将为特殊教育高质量发展提供"新引擎"。其中，《特殊教育办学质量评价指南》将资源教室等的特殊教育相关工作与政府职能深度绑定，要求建立健全政府主导，教育部门牵头，发展和改革、民政、财政、人力资源和社会保障、卫健、残联等部门和单位协调联动，为特殊教育体系健全提供了政治保障；明确规定了各级政府部门对于特殊学生经费的管理与具体发放的要求，为特殊学生的受教育环境提供了政策上的经济保障；将特殊教育办学质量的评价结果纳入该地区县级人民政府绩效考核，作为学校奖惩、政策支持、资源配置和考核校长的重要依据，为特殊教育高质量发展体系的构建提供了完备的反馈机制。

2. 课程教学建设

在教育部颁布的《特殊教育办学质量评价指标》中，课程与教学实施过程是特殊教育办学质量评价的重要组成部分。《特殊教育办学质量评价指标》对于课程与教学实施过程的各项细则，倒逼了资源教室的课程教学进一步规范和提升。

3. 师资力量建设

作为教育教学的主体之一，参与特殊教育的教师群体同样被纳入评估体系。其不仅包括在特殊教育学校就职的特殊教育教师，还应当包含随班就读的教师、学校其他教职工等。在评估过程中，了解、引导、培养教师的思想品德素质、特殊教育授课能力、教育科研能力、特殊教育核心素养等各个方面的能力，能够激励参与到资源教室建设的师资，提升其能力，提高其素质，打造更加强劲的教师队伍。

4. 学校管理建设

学校作为资源教室承办的单位之一，作为特殊教育开展的场所，其管理体系对资源教室以及其他特殊教育活动的开展起到至关重要的作用。所以学校的管理体系同样被纳入评估体系。其包含的特殊儿童入学问题、校园融合文化创设问题、特殊教育功能性场所设置运营等评估条款，能够帮助学校更为规范、科学地管理日常工作。

5. 教学成果建设

进行特殊教育是为了落实立德树人根本任务，促进特殊儿童全面健康适宜发展，帮助特殊儿童更好融入学校、掌握一技之长与适应社会生活。但是如何教育特殊儿童？

教育哪些方面？如何更科学地进行教育？这些需要依据相对应的评估指标进行考察。学校通过学习指标相关项目，有的放矢地培养特殊儿童，循序渐进遵循科学规律培养特殊儿童，有针对性地提升教学班子的教研能力。学校再通过评估的结果，针对学校的特殊情况对教学成果进行发扬或修正，达到教学成果发展正向循环的效果。

（三）借鉴性目的

从上述表 4-1 中可以看出，对资源教室进行评估的落脚点是评选出区级示范资源教室和优秀资源教室。其根本目的是让全国各地区向评选出的优秀资源教室学习，取长补短，审视该地区资源教室发展不足的原因，发扬自身的地方特色，开发当地的精品资源，并且在优秀资源教室中寻找发光点，因地制宜地借鉴运用，为当地资源教室的向好发展提供思路。

▶ 第二节
资源教室评估的内容

关于资源教室评估的主要内容，自资源教室诞生以来就受到国内外许多研究者的关注。例如，资源教室的评估要从资源教室的环境、资源教室的实施程序、资源教室的实施时间安排、教材、补救教学、记录的保存、报告、资源教室与参与人员关系八个方面来评估[①]；评估内容还应该物质与精神相兼顾，资料动静相兼顾；我国台湾地区于 2002 年制定的资源教室评估项目包括行政与管理、经费与设备、师资与研究、课程与教学、个别化教育计划、成果与特色等内容，在前人研究的基础上特别关注到了资源教室的经济效益、教学成效以及管理体系；有学者进一步归纳，将资源教室的评估内容分为领导与管理、资源教室运作、资源建设、资源教室的效益四个方面。[②] 诸如此类研究，随着资源教室的不断发展和世界特殊教育的不断进步，一直在完善。并且在我国大陆地区，由于每个建设资源教室的地区情况不同，地方评估小组指定的评估内容存在一定的地方特色。

基于上述理由，根据前人对资源教室评估的内容研究和我国各地区资源教室评估小组的评估规则，我们进行了梳理和归纳，将资源教室评估的内容分为硬件评估和全面评估两大方面。

---

① Cohen，J. H.，*Handbook of Resource Room Teaching*，Rockville，MD：Aspen，1982.
② 许家成、周月霞：《资源教室的建设与运作》，51 页，北京，华夏出版社，2006。

一、硬件评估

（一）硬件评估概述

资源教室的硬件评估指的是资源教室评估小组成员在每年固定时间对申请评估的资源教室的过程性材料、功能分区、工具设备、环境规划等情况进行考察和评估的过程。硬件评估对于资源教室的建设十分重要，它起着检验资源教室的设计是否具有本校师生的针对性，建设预算、经费是否按计划落实，及时发现建设过程中的硬件性问题的作用。硬件评估能使资源教室建设的经费管理更加规范和科学，并且发现和发扬资源教室的校本特色，帮助资源教室优化建设。

（二）硬件评估内容

1. 过程性材料评估

资源教室的建设需要经过报备、批准、施工、验收等过程，在进行资源教室硬件评估的时候需要资源教室负责人向评估小组出具上述建设的过程性材料原件。其应当包含校方建设资源教室方案、资源教室建设确认函、施工单位与校方工程合同、材料购买发票等相关凭证。评估小组成员需要对出具的过程性材料原件进行真实性及有效性核验，并且严格按照资源教室建设方案，实地检查建设的完成度、符合度。校方还应向评估小组提供相应材料的复印件，由评估小组存档作为凭证。表 4-2 为资源教室建设确认函示例。

表 4-2 资源教室建设确认函示例

学校名称			
校长姓名		联系电话	
方案实施负责人		联系方式	
资源教室预算		资源教室硬件检查时间	
贵校的资源教室建设方案符合融合教育资源中心（教室）仪器设备配置标准，已经通过特殊教育管理中心资源教室专家小组审核，可以按照方案实施建设，并积极做好接受市、区级硬件检查的相关准备工作。 主管领导签字： 某特殊教育研究与指导中心（公章） 年　　月　　日			

2. 功能分区评估

资源教室的功能分区评估主要是对资源教室功能分区的合理程度进行评判。资源教室作为包括但不限于特殊学生进行日常学习和资源教师开展教育教研工作的场所，需要在有限的场地满足其多元化的工作需求。所以在硬件评估时需要对资源教室进行功能分区评估，并且应当考核资源教室功能分区的有效性、完整性、合理性。资源教室应当配备相应的咨询接待区、康复训练区、学习补救区、办公区、书籍资料区、档案区、会议区等。不同地区可根据自身的情况，按照报备的计划，在此基础上灵活增减区域的数量。例如，该地区资源教室规划面积较小，便可以适当合并资源教室的档案区和办公区，将学生相关档案资料收纳于在教师办公处，在节省空间的同时亦方便教师查阅学生的档案资料。图 4-1 为资源教室的办公区示例。图 4-2 为资源教室的康复区示例。

图 4-1　资源教室的办公区示例

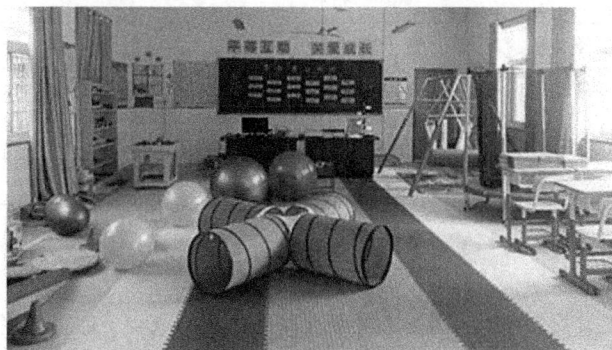

图 4-2　资源教室的康复区示例

3. 工具设备评估

为了更好地发挥资源教室的功能，保障其日常运作的能力，对于其内部的工具、设备进行评估是十分必要的。根据教育部颁布的《普通学校特殊教育资源教室配备参考目录》，我国资源教室基本配备的内部工具设备有基础设备、图书音像、益智类、教学具类和视觉、听觉、肢体障碍学生所需的辅助工具；学校可以根据资源教室的情况，在上述基本配备的基础上，选择性加配肢体运动辅助类、听觉及沟通辅助类、视觉辅助类、身心发展评估类、心理康复训练类工具或设备。

对上述资源教室所使用的工具设备进行评估时，对于其完整性的考察是必不可少的。例如，《普通学校特殊教育资源教室配备参考目录》中的基本配备工具，在评估时一定要对资源教室进行逐条检查，多缺少补，保障资源教室中的配备工具达到国家的基本要求。

确定工具设备的购买经费所占比例同样是评估的重要一环，高性价比是进行工具配备的原则之一。其中，日常办公类（如电脑、纸、笔等）的支出不超过总预算的10%；图书音像资料（如儿童绘本、课外书籍和特殊教育专业书籍等）的支出不超过总预算的10%；个案管理类（个案管理系统或者资源教室管理系统）的支出不超过总预算的5%；测量与评估类（如各类特殊障碍类型儿童的评估工具）的支出不超过总预算的5%；康复训练（训练软件及器材，包括小学资源教室必须配备感觉统合训练器材，中学资源教室必须配备职业劳动训练器材）的支出不超过总预算的50%；心理类（如各项心理测评软件和器材等）的支出不超过总预算的10%。表4-3为普通学校特殊教育资源教室的基本配备。表4-4为普通学校特殊教育资源教室的可选配备。

表4-3 普通学校特殊教育资源教室的基本配备

类别		名称	适用对象*
基础设备	办公用具	办公桌椅、电脑、电子白板	
	学习用具	课桌椅等（含肢体残疾学生使用的轮椅桌及矫形椅和低视力学生使用的升降桌及椅子等）	
		学生电脑及相关学习软件	
		有声读书机、盲用便携式电脑等	供视力残疾学生使用
	储物用具	各种文件柜及书柜：存放学生资料或其他文件、图书资料的文件柜和书柜；存放教学活动或干预训练所需用品的储存柜或置物架等	

续表

类别		名称	适用对象*
图书音像		特殊教育专业书籍及杂志、一般教育和心理书籍、教法类图书、康复医学类图书及各种专业工具书籍，包括手语类、盲文类相关图书等 儿童、青少年阅读的各类图书(含绘本)及音像资料、益智类光盘等	
		儿童、青少年阅读的大字及盲文读物、语音读物、触摸式读物	供视力残疾学生使用
益智类、教学具类		橡皮泥、棋子、画笔、模型、玩具、塑封的实物或卡片等；儿童图形认知板、字母数字列车、几何图形插件、蒙台梭利教具、早期干预卡片等能够促进学生认知能力发展的教学具	
肢体运动辅助类	大动作训练	步态训练器、支撑器、助行器及跳绳、拐杖、球类等能够促进学生大运动技能发展的简单器具	供肢体残疾及感觉统合失调学生使用
	精细动作训练	分指板、抓握练习器、套圈、沙袋、不同硬度和粗细度的磨砂板及手功能训练材料、OT操作台(串珠、小型拼接积木、扣子等都可以促进学生精细运动技能的发展)	
	感觉统合训练	滚筒、大龙球、触觉球、吊揽系列、滑梯和滑板、蹦床、跳袋等	
听觉及沟通辅助类	听觉功能及手语训练	训练听觉功能的各种产生不同频率、响度、声音的物品等；手语训练卡片及光盘等；助听器及保养仓等	供听力残疾学生使用
	言语沟通训练	用于呼吸、发声、语音训练的物品(蜡烛和气球等)、图片、学具(喇叭和哨子等)及软件光盘；语言训练卡片、沟通板、语言能力评估与训练材料等	供言语残疾学生使用
视觉辅助类	盲文书写工具及盲用教学具	盲文板、盲文笔及盲文纸；盲用直尺、盲用三角板、盲用算盘、盲用量角器、盲用圆规、盲用卷尺、盲用绘图板等	供视力残疾(全盲)学生使用
	教材及辅具	盲文版教材及各种触摸图集、模型；语音计算器、盲杖、眼罩等	
	视觉辅助设备	视功能训练工具及材料；便携式助视器或放大镜、望远镜、可调式照明灯等	供视力残疾(低视力)学生使用
	教材及其他	大字版教材及图集；助写板、大字格作业本及其他视知觉训练材料等	

注:*表示未特别标明适用对象的，适用各类残疾学生。

表 4-4 普通学校特殊教育资源教室的可选配备

类别	名称	适用对象*
肢体运动辅助类	太极平衡板、手摇旋转器、跳袋、平衡木、独脚椅、平衡功能评定及训练设备等；作业治疗器、踏步器、平衡功能评定及训练设备、上肢运动功能训练设备、下肢运动功能训练设备、轮椅等；多感官统合训练设备	供肢体残疾及感觉统合失调学生使用
听觉及沟通辅助类	手语教学软件等、言语语言沟通评估训练设备等、早期语言干预或康复设备	供听力残疾、言语残疾学生使用
视觉辅助类	盲文打字机、点显器等；著名建筑模型及常用动物模型标本等；盲用电脑及软件、盲文打印机等	供视力残疾(全盲)学生使用
	可调节式阅读支架、闭路电视放大机等；视力及视野测试及评估设备等；视动协调类训练材料等	供视力残疾(低视力)学生使用
身心发展评估工具	学习风格评估量表及工具；阅读学习能力评估量表及工具；数学学习能力评估量表及工具；大动作、精细动作、体能评估量表及工具；情绪行为问题评估量表及工具；认知评估量表及工具等	
心理康复训练类	认知干预操作用具；沙盘等；进行音乐治疗时使用的电子琴、吉他、音响等(民族地区可选配当地相应的民族乐器)	

注:*表示未特别标明适用对象的,适用各类残疾学生。

4. 环境规划评估

资源教室作为校园开展教学活动的场所之一，其规划和环境设计需要接受评估。资源教室的环境规划评估主要包括评估资源教室所处的地理位置、资源教室的占地面积、资源教室的内部规划、资源教室的各项环境设施等。

在地理位置上，资源教室应有固定的专用场所，一般选择教学楼一层，位置相对安静、方便学生进出。资源教室的占地面积一般不少于 60 平方米。若由多个房间组成，应安排在一起，方便学生和教师开展活动。资源教室内部除了应该有上述的功能分区，内部空间的规划还应该兼顾集体教学、小组教学、个别化指导，需要具备灵活化的特性。资源教室的内部环境设施和装饰应该以《无障碍环境建设条例》《无障碍设计规范》《特殊教育学校建筑设计规范》的有关规定为指南，并且资源教室的内部装饰应当以实用性为主，不宜太花哨，避免学生开展学习活动时分心。同时，资源教室的内部装饰所花费的支出不能超过总预算的 10%。

（三）硬件评估的工作信息

在进行硬件评估时，评估小组除了需要评估上述细节，形成一份完整且详细的资源教室评估报告，还需要完成资源教室的硬件评估工作信息表。通过阅读该信息表，我们能清晰了解资源教室所在学校、负责人、经费总额、建设级别等关键信息，方便上级部门查阅并且在评级时快速分类。表 4-5 为资源教室硬件评估的工作信息表示例。

表 4-5　资源教室硬件评估的工作信息表示例

学校名称	
校　　长	联系方式：
主管领导	联系方式：
资源教师	联系方式：
随班就读人数	
项目经费总额	
资源教室建设完成时间	
资源教室硬件检查时间	
资源教室评审报告和建设方案	□资源教室评审报告　□资源教室建设方案
确认函	□有　□无
合　　同	□有　□无
相关支出凭证	□有　□无
备　　注	

二、全面评估

（一）全面评估概述

全面评估指的是在硬件评估之后进行的，针对资源教室硬件评估内容之外的评估工作。相较于硬件评估，全面评估更加聚焦于资源教室的教学流程和成效，以及资源教室的各项制度建设。全面评估有三大意义：一是推进资源教室的实效运作，切实发挥资源教室在学校随班就读工作中的支持作用；二是深入学生、教师中间，调查、了解资源教室在运作中出现的真实问题，以便发现问题、改进工作，为今后资源教室管理和教师培训提供依据；三是总结资源教室的经验与特色，为区域内其他学校建设提供借鉴经验。

(二)全面评估人员

资源教室在进行全面评估时，需要组成全面评估小组用以开展全面评估活动。由于资源教室的全面评估项目的综合性和重要性，因此需要由教育主管部门与多部门协同合作，一般会由特殊教育中心牵头组织。为提高资源教室评估工作的科学性和专业性，评估小组成员不仅包括教育主管部门的基础科、人事科、财务科的领导，还包括融合教育骨干学校的领导及资源教师，也应该邀请当地高校以及研究院等从事资源教室建设与运作方面的专家，多角度、有针对性地为每个资源教室的建设与运作提出建议和意见，提高评估工作的质量。

(三)全面评估的流程

1. 申报阶段

全面评估资源教室前首先需要填写资源教室建设评估申请表，根据表格内容如实填写相关信息，表格填写完毕后将申请表上报至上级部门接受审查(一般为区级特殊教育中心，依当地情况而定)。表 4-6 为资源教室建设评估申请表示例。

表 4-6 资源教室建设评估申请表示例

学校名称		校长姓名		联系电话	
特教干部姓名		职务		联系电话	
资源教师姓名		所学专业		联系电话	
随班就读人数		资源教室运作时间			
我校申请接受区教委、区特教中心的资源教室评估检查。 学校(公章) 年 月 日					

2. 自查阶段

拟申请全面评估的资源教室需要按照该地区的资源教室全面评估标准，按照本校的资源教室建设工作如实进行自查、自评，填写自评表，完成自评报告，并在评估小组进行资源教室检查时上交。

3. 评估阶段

拟申请全面评估的资源教室需要接受评估小组到校的现场评估。评估小组根据评估细则进行量化考核，通过现场观察、收集资料等方式对资源教室进行评估，综合衡量小组意见后得出资源教室全面评估的结果，并上报上级部门接受结果审查，由上级部门进行公示。

（四）全面评估的主要工作

1. 资源教室工作汇报

资源教室全面评估应在资源教室运作之后实施。资源教室负责人需要根据资源教室的管理与运作情况面向评估小组进行汇报，还需要根据资源教室全面评估工作汇报提纲进行汇报，做到详略得当，突出学校的特色和亮点，对汇报时间把握得当，根据评估小组的实际情况对具体时间进行调整，一般不超过15分钟。资源教室工作汇报提纲的内容主要有以下几点。

①资源教室建设专项经费落实情况。

②资源教室建设基本情况。

③资源教室管理情况。

④资源教师配备情况。

⑤资源教室使用情况及实效。

⑥资源教室建设与运作经验、存在的问题及改善思路等。

⑦对市、区教育管理部门和业务指导部门的意见或建议。

⑧学校认为需要汇报的其他事宜。

2. 资源教室运作特色展示

评估小组除了听取资源教室负责人进行自我汇报评估，还需要实地考察资源教室的日常运作情况和资源教室的教学特色，核对资源教室自身评估汇报的真实性并进一步了解、记录资源教室的建设情况。

在此项评估工作开展时，评估小组需要进行现场听课，根据排课和小组人数决定课堂评分方式（集体评分或分组评分）。评估小组的课堂评分需要根据评分细则确定。评分细则主要涉及教学设计的实际性、科学性，教学过程的个别化和合理性，教学效果的师生互动程度和成果突出程度。

除现场听课以外，评估小组还需要现场观察资源教室日常运作的情况，主要涉及资源教室的基本建设（标准与硬件评估一致）是否达标；资源教师的管理和培养是否科学规范，如是否至少有一位资源教师，兼职资源教师的工作量是否不少于其工作总量的三分之二；资源教室的教研成果是否突出，如是否有相关的突出性立项，是否有相关参赛参评过程性材料等。

3. 查阅资源教室工作档案

进行档案查阅时，评估小组的工作主要涉及查阅制度立档、查阅教师相关工作立档以及查阅学生情况立档，并且需要评估相关档案是否齐全，记录是否标准规范，并根据记录来考察资源教室的日常工作情况。

查阅制度立档时主要评估内容为资源教室的经费与环境管理制度、资源教室运作流程制度、教育教学规范制度和考核制度、个案管理制度等；查阅教师相关工作立档时需要考察资源教师定期参与学习培训、资源教师教研活动、随班就读教师特殊教育技能培训和校本培训的情况，以及资源教室为融合教育教师提供技能培训的情况。

查阅学生情况立档时需要评估小组针对学生的个案管理情况、教育训练情况、学情掌握情况、个别化教育计划制订情况，进行查阅和评估。

4. 组织学生和教师座谈

评估小组对参与资源教室、学生以及家长分别需要组织时长为 15 分钟左右的座谈会（具体时间根据实际情况可进行灵活调整）。座谈依据特殊教育中心制定的资源教室全面评估座谈提纲来开展。资源教师的座谈内容主要涉及对津贴发放情况、日常工作开展情况、科研情况进行访谈摸底。学生的座谈内容主要涉及资源教师对学生基本情况的了解、学生的上课感受、学生训练成果的自主体验。表 4-7 为资源教室全面评估内容所占比例参考表示例。

表 4-7　资源教室全面评估内容所占比例参考表示例

项目	分值	所占比例
基本建设	30	30％
制度管理	20	20％
功能发挥	20	20％
资源教师	15	15％
教育训练	10	10％
其他	5	5％

► 第三节
资源教室评估的方法

一、访谈法

（一）访谈法概述

访谈法是评估者通过与评估对象进行口头交谈的方式，来收集评估对象有关心理特征和行为数据资料的一种研究方法。使用访谈法进行评估时，评估者主要用口问、用耳听，都是直接考察和收集评估对象有关资源教室数据资料的基本方法。评估时一般采用的是直接访谈法，即面对面的交谈。这样的交谈方式能让评估小组更加广泛、深入了解评估对象的思想、情感、态度，并且能让评估小组掌握更多非语言信息，从而帮助评估小组了解评估对象回答的真实性与有效性。访谈法通常用在资源教室的全面评估之中，评估小组进行评估时通常需要参考该地区资源教室全面评估访谈提纲或者资源教室全面评估评价细则，进行本次访谈或者座谈的访谈提纲拟订，然后再正式进行访谈的实施。为节约评估小组的时间，在进行评估时一般采用集体访谈的形式，由多名评估者根据实际情况以及提纲对评估对象进行访谈。

（二）访谈法评估的对象及目的

开展资源教室评估时，主要评估对象为教师、学生、家长三大类别。其中，教师指的是参与资源教室日常教学和运作的资源教师及兼职资源教师，进行随班就读的班主任和涉及的任课教师，需要进行特殊教育技能培训的普通学校教师。学生指的是参与资源教室活动的普通学校学生、特殊教育学校学生、随班就读学生等。家长是指参与资源教室学习活动的学生监护人。对这三类对象进行评估主要是考虑资源教室日常运作的三大方面：教师的访谈主要针对资源教室的授课情况、津贴落实情况、日常管理情况、资源教室的教研培训功能发挥情况；学生的访谈主要针对资源教室授课的质量、个案管理情况、资源教室的人文关怀情况；家长的访谈主要考察资源教室家校联系的工作落实情况、家长对教学质量的反馈情况等。

（三）实施访谈法的注意事项

1. 访谈对象

由于评估时大多以座谈的形式开展访谈，因此访谈对象的人数较多，这种情况下难免会出现以下问题。

①匿名性低。访谈对象因某些立场不愿意发表自己的意见，甚至不发表意见，会导致访谈无法推进。此时，就要求评估小组根据现场情况，记录敏感点，跳过该问题进行下一个问题的访谈；并且在座谈结束之后，灵活改变方式，针对个人再进行意见收集。

②耗时长，易偏题。由于访谈对象较多，十分容易出现人人滔滔不绝的情况，严重影响评估工作进度，因此进行访谈时评估小组需要把握好节奏，及时提醒或打断发言时间较长的访谈对象，鼓励启发发言较少的访谈对象，从而高效收集更多信息。

③能力层次不一，主要辨认信息的可信度。受访的学生中难免会出现文化水平不同的现象，以及障碍程度不同等人口学差异所带来的能力差异。这种差异会导致访谈过程之中出现访谈对象无法理解访谈问题，无法清晰作答的情况。此时需要访谈者灵活调整提问方式，帮助访谈对象更好地理解问题，并根据作答的内容精练要点，形成关键信息。

2. 访谈者

访谈前需要进行访谈工具的准备。一般需要相关的访谈提纲，方便访谈者进行提问，并需要纸笔，方便访谈者进行及时记录和整理思路。访谈前还需要访谈者熟悉访谈提纲，并清晰掌握访谈的重点，以便掌握访谈节奏。访谈之前对于访谈对象的基本情况，访谈者必须熟知，如学生的残疾类型、入学年份、年龄等。

访谈时首先应当向所有访谈对象进行知情同意的意见征求，并且详细告知访谈对象本次访谈所需时间、目的以及存档的方式，以保障访谈对象的权利。在访谈过程中，访谈者需要注意谈话的礼貌性和提问、追问的技巧性。访谈者还应注意自身形象，衣着整洁大方，不宜太花哨，避免转移学生的注意力。评估小组需要尽可能详细地进行过程性记录，除记录语言信息以外还需要记录访谈对象的非语言信息，以便更加深入了解情况。

由于时间问题，在问题没有访谈明了时，访谈结束后，评估小组需要根据访谈情况进行跟踪式的后续访谈，对访谈对象继续深入提问。在访谈之后，评估小组还需要及时整理访谈资料，将访谈对象语言书面化、正式化、简练化。访谈后，评估小组可以根据经费情况，向访谈对象提供纪念品作为奖励，给访谈对象留下好印象以便后续工作开展。

二、资料收集法

(一)资料收集法概述

资料收集法是一种通过查阅、整理、集合资源教室建设过程性材料、教学过程性材料、成果性材料,针对资源教室的运作情况判定工作情况的评估方法。资料收集法在资源教室评估过程中主要起到证明资源教室工作、为后续评审留底的作用。

(二)资料收集的主要内容

建设过程性材料收集主要指的是评估小组针对资源教室各项材料采购的发票,资源教室工程建设的申报书、审批函、工程合同、签收材料等进行收集。建设过程性材料主要用于评估资源教室的经费落实情况,侧面评估资源教室建设的安全性、可行性。

教学过程性材料收集主要指的是评估小组针对资源教室的课程表、教师每个课时的教案、个别化教育计划、资源教室管理制度、资源教室日常工作安排、家长支持服务记录、教师技能培训记录的材料进行收集。收集这类材料的主要目的是评估资源教室的功能发挥情况、教学质量情况、个别化教育计划执行情况以及学生管理情况。

成果性材料收集主要指的是针对资源教室承担课题、科研的立项证明、参赛记录、发表论文、参与相关学术会议记录的相关资料进行收集。对这类材料的评估主要考察资源教室的教研能力和创新能力。

三、观察法

(一)观察法概述

观察法是进行资源教室评估采用的普遍、基本的方法,通常适用于资源教室的硬件评估和全面评估。它指的是评估者通过感官和仪器,在一段时间内科学客观记录资源教室各项情况的一种方法。一般由评估小组根据相对应评估标准,在资源教室内部进行评估,主要评估资源教室的基本规划设施情况和教学训练情况。为保证学生正常受教育的秩序,评估小组一般以不参与观察的方式开展评估活动。

(二)观察法的特点

1. 真实性

在观察时评估小组会准确记录现场正在发生的事情。这种记录更加符合资源教室的日常运作情况，能帮助评估小组掌握资源教室的真实发展情况。

2. 系统性

资源教室评估需要围绕资源教室评估细则开展，要有清晰明确的目的。所以在观察时评估小组应以资源教室评估细则为驱动，有的放矢地进行观察，避免出现手忙脚乱、不着重点的情况。

(三)实施观察法的注意事项

1. 观察工具的准备

观察法的实施必须借助一定的工具，可以是观察人员的眼口鼻等感官，也可以是外部的工具。比如，摄像机可以方便评估小组看清课上视觉盲区的学生表现；卷尺可以帮助评估小组直接测量资源教室门窗的具体数值等。此类观察工具需要根据当地资源教室的情况提前准备，方便观察时准确记录。

2. 观察过程中的准备

虽然评估小组在观察过程中会尽力避免影响教学活动，但是深入了解教学情况，不可避免会被学生、教师发现。此时课堂教学的质量可能会因此受到影响。所以评估小组可以采取更加隐蔽的方式进行观察，如将听课的场所更换至不会被教师、学生发现的新媒体教室等。

本章小结 ·····▶

资源教室的评估是资源教室建设的工作环节之一，资源教室的评估目的有理论和实践两大层面，有助于丰富我国关于资源教室的相关政策、理论，推动我国资源教室建设越来越完善。资源教室的评估内容主要有硬件评估和全面评估两种。硬件评估在前，全面评估在后，二者的评估内容和方式有交叉，亦有差异。资源教室评估的方法主要有访谈法、资料收集法和观察法，三种方法应针对资源教室的不同需要灵活使用。

思考与练习 ·····▶

1. 资源教室评估的理论层面的目的和实践层面的目的分别有哪些？
2. 资源教室硬件评估的内容有哪些？
3. 资源教室全面评估的内容有哪些？
4. 实施访谈法时有哪些注意事项？

第五章　资源教室的支持保障体系

学习目标

知识目标

1. 理解当前资源教室支持保障体系面临的问题。

2. 了解资源教室政府社会政策支持的现状。

3. 认识资源教室非正式支持的现状。

能力目标

1. 能在资源教室存在不足的情况下寻求外界支持。

2. 能认识到各群体的功能，协调各方力量，在现有体制下推动资源教室向更完备的方向发展。

情感目标

1. 客观认识到各群体间的支持关系。

2. 增强与各群体思想和情感上的联系，为后续工作的开展打下基础。

思维导图

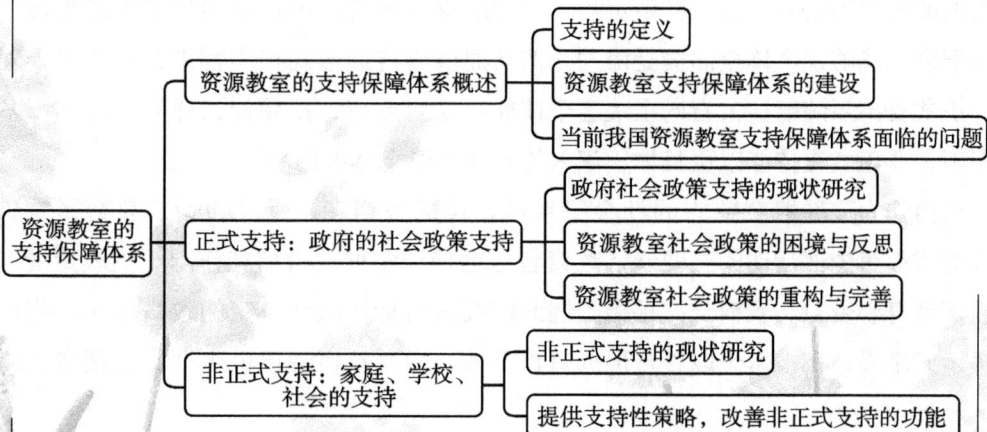

▶ 第一节
资源教室的支持保障体系概述

支持保障体系是资源教室顺利运作的重要基础。只有在合理、完善的体系监督下，资源教室才能发挥作用，服务特殊学生，推动区域融合教育的发展。

当前我国资源教室的支持保障体系还不健全，各部门之间的支持协作还有待加强，多级性支持保障系统职责关系还不明确。所以应做好资源教室管理和运作，发挥资源与管理中心、学区与乡镇资源中心和资源教室等各层级的功能，确保经费来源稳定，做好期末考核及验收工作，掌握支持保障体系内部优化的方法，达到资源教室支持性整体大于部分之和的效果。

一、支持的定义

支持是指个体在环境中获得外界的支持和帮助，其多见于个体不能以恰当方式处理好与当前情境相关的问题与矛盾而获得的额外的关注与照顾。在一般情况下，以获得支持的内容来分类，支持可以分为物质上的支持和精神上的支持。按照支持提供的主体来分类，支持可以分为正式支持与非正式支持。正式支持是指通过国家、政府及正式的教育管理机构等正式途径所表现出的对个体行为支持的动力系统。该系统实施的主体主要为政府等机关单位，立足于宏观层面做出政策调整以保障个体生存环境的改善。非正式支持是指借助亲属、朋友等重要他人营造的人际关系网络来表现出对个体的帮助与照顾服务，是一种更灵活、机动的支持系统。正式支持与非正式支持二者予以配合，能够使个体全面接受协助。但从提供支持的形式和内容来看，二者千差万别。正式支持系统能从大方向上决定个体能否接受支持、接受什么样的支持。在多数情况下，非正式支持能以更具体、深入的方式给予个体帮助。[①]

教育作为一种相对独立的社会子系统，包括教育者、受教育者、教育影响。这三者构成教育内部活动的三要素，教育者综合使用各种教育措施作用于受教育者，使受教育者身心受益。教育支持是指围绕既定教育目标，综合一定的教育需求，将相关人员、设施设备和技术予以整合形成有机整体，为受教育者提供生理、心理方面的支

---

① 刘艳：《有效发挥家庭教育社会支持系统中学校的作用——以安徽省阜阳市第九中学为例》，硕士学位论文，云南师范大学，2020。

持，从而在现有基础上促进受教育者的智力、体力等方面的发展。

二、资源教室支持保障体系的建设

美国智力与发展障碍协会指出，支持就是资源和策略，包括个人、机构、金钱或有形资产、辅助设备或者环境，目的是让具有发育障碍的人士能够顺利地在普通人所在的社区环境中生活。支持和保障，从宏观层面上说，泛指政府为促进教育发展而制定和发布的各项法律法规、规章制度，具体包括政策、人力以及财力支持。前文提到，资源教室也就是由资源教师在普通课程的教学时间外，利用特殊教育设施及其他可利用的各种教学资源，为特殊学生提供特殊服务形式，用以协助就读于普通班级中的特殊学生。[1] 资源教室支持保障体系的建设，在我国既定国情条件下，可以理解为随班就读的支持保障系统的构建与完善。

有研究表明，随班就读学生接受的教育支持可以有多种分类。从支持的内容上划分，教育支持主要包括学习支持、心理支持、物理环境支持、相关服务支持。从支持发生的场所和提供支持的人员来讲，教育支持主要包括学校教育支持、家庭教育支持、社区教育支持。[2] 从支持的程度上划分，教育支持可以分为四级：间歇的，即所需的支持服务是零星的、视需要而定的；有限的，即所需要的支持服务是经常性的、短期的；广泛的，即至少在某种环境中有持续性的、经常性的需要；全面的，即所需要的支持服务是持久的且需求度高，在各种环境中都需要，并可能持续终身。[3]

布朗芬布伦纳在《人类发展生态学》中提到，人类与周围环境息息相关，在分析个体问题时要时刻关注个体所处的环境，即将个体问题放在整体的生态环境中来研究行为。2004 年，查尔斯·扎斯特罗等人在布朗芬布伦纳思想的基础上提出社会生态系统理论运作模式，将个体所处的社会生态系统划分为微观、中观及宏观三种基本的系统类型。[4] 社会生态系统理论运作模式如图 5-1 所示。

---

[1] 蒋美芳：《"资源教室"中的学生活动现状调查与对策研究——以浦东新区学校为例》，硕士学位论文，华东师范大学，2006。

[2] 张贝：《残障儿童随班就读支持保障问题研究——基于五华区全纳教育项目》，硕士学位论文，云南大学，2021。

[3] 刘春玲、马红英：《智力障碍儿童的发展与教育》，157～158 页，北京，北京大学出版社，2011。

[4] 参见[美]查尔斯·H. 扎斯特罗、[美]卡伦·K. 柯斯特-阿什曼：《人类行为与社会环境》第六版，师海玲、孙岳等译，7 页，北京，中国人民大学出版社，2006。

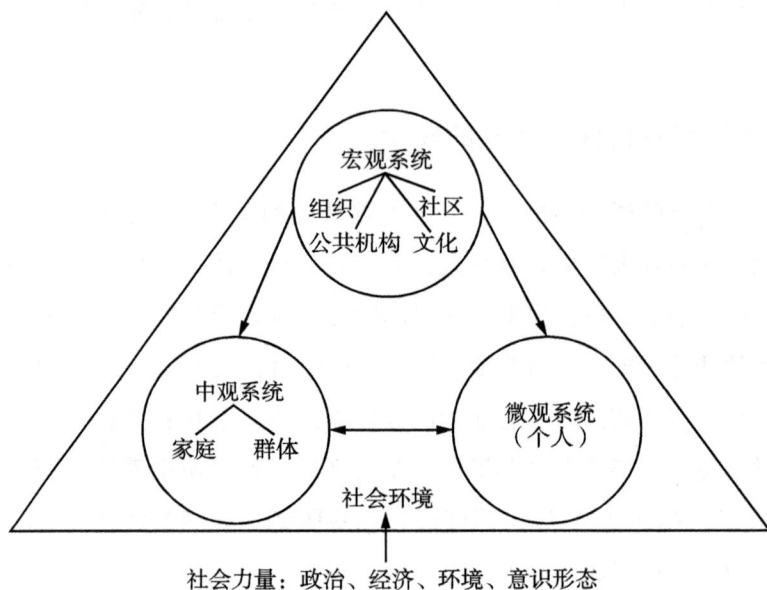

图 5-1　社会生态系统理论运作模式

社会生态系统理论运作模式指出，无论是哪种研究对象，都不是一个单独存在的个体，必然处于一个有机系统中，与系统中相互联系、相互配合的各要素同处于一个有机的、动态的整体中。伴随着时间的推移，这个整体会达到一种平衡。反之，如果系统中任一要素发生变动，都可能会引起整体的变革。

根据社会生态系统理论运作模式，我们把资源教室看作一个社会生态系统。与此相关，我们可以将这一系统做更为细致的划分，可以分为微观、中观、外观以及宏观系统。这四个系统共同致力于资源教室的构建与支持。[①] 微观系统是和研究主体直接相关的影响因素，资源教室面对的主体是特殊学生和普通学生。在这一运作模式下，与之相关的微观系统主要是学生家庭。家庭因素可以进一步划分为特殊学生及家庭对资源教室的接纳态度、家庭的教养态度、家庭气氛的和谐程度以及学生自身的能力状况等。中观系统主要是个人与组织之间的一种联系，如融合学校，包括资源教室的准入制度、建档制度、管理制度、运作及评估机制、师资水平、师生间的人际关系等。外观系统是指个人并未直接参与，但对个人产生间接影响的因素，主要包括社会组织、康复机构、慈善团体等。宏观系统是国家或政府层面的，包括政策、法律、意识形态等方面的因素。资源教室的生态系统运作结构模型如图 5-2 所示。

---

① 张贝：《残障儿童随班就读支持保障问题研究——基于五华区全纳教育项目》，硕士学位论文，云南大学，2021。

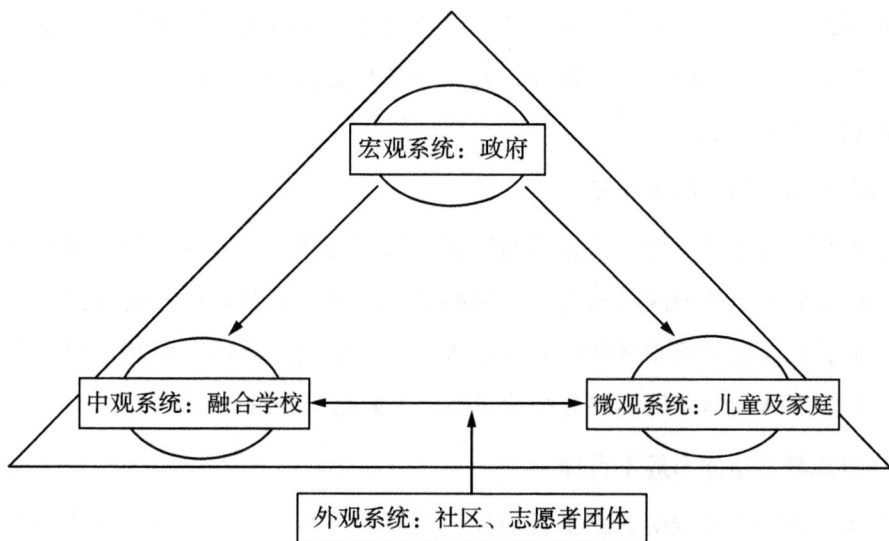

图 5-2　资源教室的生态系统运作结构模型

三、当前我国资源教室支持保障体系面临的问题

2016 年，教育部颁布的《普通学校特殊教育资源教室建设指南》明确指出了新时期资源教室的建设目标，即通过在普通学校的软、硬件建设，提供特殊课程教学、学科知识辅导、心理咨询与简单康复训练等特殊教育专业服务，为残疾学生获得合适教育提供有力保障。在这一目标的统筹下，我国资源教室的建设工作取得了突破性的进展。但是当前资源教室仍然面临着一些使用不当的问题。例如，陈俊莲等人提出我国当前资源教室建设及其相关服务体系呈现出较为明显的布局不平衡、网络不健全、资源不匹配以及专业性不足的"四不"现象。[1] 当前我国资源教室支持保障体系面临的问题有如下几方面。

（一）资源教室运作体系不完善

黄钟河等人的调查发现，区教育负责人对资源教室的运作模式并不熟悉，因此难以根据政府的政策文件制定适合本区域的实施细则。落实在操作层面则会出现各所学校各行其是，整体运作体系混乱等问题。[2] 当前该区域资源教室主要给特教班的学生

---

[1]　陈莲俊、昝飞:《随班就读支持保障体系建构视角下我国资源教室的建设与运行》，载《中国特殊教育》，2020(3)。

[2]　黄钟河、钱小龙、黄丽辉等:《融合教育背景下资源教室建设与运作的现状分析——以广西南宁市为例》，载《现代特殊教育》，2020(10)。

提供感统训练和学科性质的查缺补漏辅导，针对各个障碍类型学生的常规性工作并未开展。与此同时，校领导、其他教师、家长等各方交流较少、合作缺乏，使资源教室的规范性运作困难重重。

（二）资源教室经费投入不足

特殊教育资源中心承担着指导随班就读、师资培训、指导评估等重要工作，但在实际工作中面临着经费短缺的问题。冉娜娜等人的研究表明，资源教室是一个高投入的项目，并且在实施过程中需要众多专业人员联合辅助。目前人们对资源教室的认同率不高，因此并未能争取到足够的经费以供资源教室的日常运作。[①]

（三）资源教室空间布局不合理

陈俊莲等人的研究表明，由于各地经济发展不平衡，各区域及学校认知水平参差不齐，因此资源教室在各区域各学校的发展状况不尽相同。[②]

（四）资源教室设施设备不匹配

合理整合与配置资源是实现资源教室可持续发展的必经之路。但是当前王迪的研究表明，资源教室在实际运作过程中还存在资源配置不合理等问题，如基础性设备所占比例不高，大规模仪器使用率不高，造成资源的闲置与浪费。[③] 彭艳君等人的研究表明，有些资源教室虽然硬件设施齐全，但是场地受限，只是一味地将采购来的设备置于教室中，并未配备能够使用设备的场地及人员。[④]

（五）资源教室专业师资不足

基于对当前部分地区资源教室的建设与使用现况的实践考察，研究者发现一些普通学校在规划与建设资源教室过程中缺乏其有特殊教育专业背景的人员及资源教师的参与。[⑤] 调查发现，非专职资源教师的知识经验不足、专业培训少、日常工作量大导

---

① 冉娜娜、阳泽：《我国资源教室建设中的问题与解决策略》，载《绥化学院学报》，2016(10)。

② 陈莲俊、眢飞：《随班就读支持保障体系建构视阈下我国资源教室的建设与运行》，载《中国特殊教育》，2020(3)。

③ 王迪：《区域中小学随班就读学校资源教室运作现状研究——以 XZ 区为例》，硕士学位论文，辽宁师范大学，2019。

④ 彭艳君、邹捷：《普通小学资源教室建设现状与反思——以广州市白云区为例》，载《现代特殊教育》，2017(10)。

⑤ 袁银娟、汪文娟：《融合教育理念下普通学校资源教室环境的创设》，载《绥化学院学报》，2022(4)。

致资源教师分身乏术，这些因素进一步限制了资源教室的发展。[①] 同时，由于教育系统不同源，教学内容差异化，部分资源教师被边缘化，一定程度上形成了标签效应。[②] 职称评定未确定，未划入特殊教育教师管理，未享有特殊教育津贴等原因造成了资源教师队伍水平不高的问题。

资源教室的建设与运作是推进融合教育开展、提升特殊教育质量的核心要素，也是构建资源教室支持保障体系的关键环节。[③] 因此，资源教室的角色定位并不单单停留在看似齐全的设施、设备上，要求资源教师联合相关部门，通过各种科学的设备及教学方法，使资源教室成为一所学校或者一个区域的资源核心，为有特殊需要的人员提供相关支持与服务，为其实现自身所需要的发展提供可能。同时，资源教室的服务对象也不仅仅局限于传统意义上的随班就读学生，应面向各类有特殊需要的学生、班主任、家长、巡回指导教师等。只有这样，资源教室的功能才能得到最大程度的发挥，从而推动融合教育高质量发展。

▶ 第二节
正式支持：政府的社会政策支持

一、政府社会政策支持的现状研究

西方国家经济发展速度快，融合教育起步早。以澳大利亚为例[④]，1992 年通过的《反残疾人歧视法》构成了融合教育权威法律体系的支柱。《反残疾人歧视法》规定，凡是因他人有身心障碍而不平等地对待他人都是违法的，并出示一系列在就业、住宿等多个公共生活领域的具体条约，以保障残疾人的基本合法权益。2005 年通过的《残疾人教育标准》明确指出，残疾学生能够在与普通学生相同的基础上获得和参与教育，学校及相关部门应尽可能地为残疾学生享有自身所需要的教育创造条件。在各项法律及

---

① 于素红、朱媛媛：《随班就读支持保障体系的建设》，载《中国特殊教育》，2012(8)。

② 张贝：《残障儿童随班就读支持保障问题研究——基于五华区全纳教育项目》，硕士学位论文，云南大学，2021。

③ 陈莲俊、昝飞：《随班就读支持保障体系建构视角下我国资源教室的建设与运行》，载《中国特殊教育》，2020(3)。

④ 李佳音、景时：《澳大利亚融合教育支持服务体系研究及启示》，载《现代特殊教育》，2022(9)。

政策的倡导下，澳大利亚联邦层面已经建立起了较为完善的融合教育支持服务体系。① 比如，维多利亚州、昆士兰州、新南威尔士州等都相继发布了保障残疾人教育权益的配套方案及措施，支持学校层面配备资源教师、转衔服务教师、巡回指导教师及专业顾问等，为残疾学生的教育权利的享有提供支持与保障。②

政府在随班就读的支持与保障体系中起核心作用，政策是推动教育改革和发展的先行者，同时是项目执行和评估的重要依据。相比发达国家，我国资源教室支持性政策发展历史较短，并在一定程度上略滞后于教育实践的发展。③ 1986 年，《中华人民共和国义务教育法》对我国今后规范开展教育工作提供了政策基石，同时为后续的随班就读及资源教室的建立与发展打下了坚实的基础。同年，《关于实施义务教育法若干问题的意见》提出在普通学校以附设特教班以保障残疾儿童的受教育权。1987 年，《全日制弱智学校(班)教学计划》(征求意见稿)首次明确提出"随班就读"。1988 年，《中国残疾人事业五年工作纲要(1988—1992 年)》提到了倡导普通学校接收残疾儿童随班就读。自此以后，特殊儿童进入普通学校就读这一教育路径正式得到了确立。1990 年，全国人民代表大会表决通过的《中华人民共和国残疾人保障法》规定，普通教育机构对具有接受普通教育能力的残疾人实施教育，并为其学习提供便利和帮助。1994 年，《关于开展残疾儿童少年随班就读工作的试行办法》第一次将设立资源教室以一种正规的形式纳入了融合教育领域。

进入 21 世纪以后，随着《中华人民共和国义务教育法》的修订，特殊学生随班就读政策已经上升到国家法律层面，学前、义务教育甚至高中阶段的学生均可获得到这一政策的保护。2014 年，《特殊教育提升计划(2014—2016 年)》发布。这一计划开始重视随班就读支持体系的建构，开始着眼于提升特殊学生的受教育质量。2016 年，教育部办公厅印发《普通学校特殊教育资源教室建设指南》，从资源教室配备的规范性、专业化等方面提出了明确的要求。2017 年发布的《第二期特殊教育提升计划(2017—2020 年)》主要提到教育质量提升、师资队伍建设等问题。

① 李拉：《澳大利亚融合教育政策解析》，载《中国特殊教育》，2018(11)。
② 李拉、[澳]大卫·埃文斯：《澳大利亚融合教育专业支持团队的建设与运行——以新南威尔士州为例》，载《比较教育研究》，2019(7)。
③ 李拉：《我国随班就读政策演进 30 年：历程、困境与对策》，载《中国特殊教育》，2015(10)。

二、资源教室社会政策的困境与反思

近年来，在宏观方向的指引下，国家和政府政策在持续不断地完善，融合教育随班就读在我国如火如荼地开展起来，资源教室的建设制度也渐趋完备。值得注意的是，政策的明确性是政策得到有效执行的关键。[①] 邓猛指出有些政策立法层次低、约束力不强、执行力度不够，这使政策在执行起来停于表面、并不深入。[②] 另外，各区域资源教室的实施细则并未制定。所以即使一线教师及校长有意建设好本校或区域的资源教室，也不知从何入手，显得有心无力。

我国政策立法基于宏观视角，着眼于社会的发展与进步。这在现实实践过程中造成了有些地区资源教室的使用重数量而非重质量的现象，使资源教室的功能未得到发挥。

不仅如此，在政策和实践的双重作用下，有些地区资源教室的定位出现了一定的偏差，本来应是多学科、多领域、多部门协调配合的工作，现在成了特殊教育的"独角戏"，缺乏普特融合的宏观视野。[③] 如果仅仅将资源教室的角色定位于特殊教育，而只字不提与普通教育、整个教育体系的调整，不仅会将其演变成无法完成的任务，也不利于社会的和谐、进步。[④] 在理论政策的美好畅想下，资源教室不仅应面向残疾学生，还应为本区域内所有有特殊需要的学生提供支持与帮助，甚至也能让普通学生从中获益。这本就是一个互利合作、相生共赢的话题。

三、资源教室社会政策的重构与完善

资源教室的制度保障可以从法律制度、组织制度及运作机制三方面来入手。在法律制度层面，我们要进一步提升资源教室建设的法律效力，如将资源教室纳入法律制度的建设。这对促进资源教室的支持保障体系建设具有重要意义。在组织制度层面，

[①] 张英魁：《影响教育政策执行的内部因素分析》，载《教育评论》，2007(2)。

[②] 邓猛：《融合教育理论指南》，20、203 页，北京，北京大学出版社，2017。

[③] 郑伟、张茂聪、王培峰：《建国以来我国融合教育的实践理路——基于政策文本的分析》，载《中国特殊教育》，2019(1)。

[④] 李拉：《我国随班就读政策演进 30 年：历程、困境与对策》，载《中国特殊教育》，2015(10)。

我们要建立政府负责制,明确地方政府在协调残联、学校、民政部门中的核心地位,并在协调各方力量的基础上推动资源教室的发展。在运作机制层面,我们要健全资源教室相关制度,确保对资源教室相关政策的顺利执行。

(一)从全纳视角出发,构建资源教室的宏观发展策略

特殊教育是集合教育学、心理学、社会学等多学科的一门交叉性、融合性学科。因此,要推动资源教室的建设完善必须整合多个学科、多个部门,联动各方的力量共同致力于运作体制的构建。在世界格局朝向更加开放、多元的发展趋势下,资源教室的发展要在政策上寻求突破,就必须全面贯彻全纳教育理念,从整个教育发展的视角来创建相关政策法律,确保特殊教育作为普通教育的重要一环,同时将其作为社会和谐进步的重要标志,唤醒整个教育体制的活力,协调各方的力量保障资源教室的健康、有序发展。[①] 更为关键的是,只有特殊教育真正脱离边缘教育的角色,才能从真正意义上融入教育体系,也才能从根本上改变特殊儿童从心理和意识层面被排斥、被隔离的现状。

(二)制定配套实施细则,完善执行和评估程序

有学者认为,造成我国部分地区相关支持保障机制不完善的因素在于地方政府作为责任中心的意识不强,进一步导致地方政府在政治、经济上的投入不够。[②] 高效运作的资源教室离不开各地行政部门的专业化管理,各地行政部门应承担起分内的责任。2017 年,《中华人民共和国残疾人教育条例》指出,县级人民政府应当负责统筹规划在普通学校中建立特殊教育资源教室。该条例明确了各级政府的主体责任,要求在国家统一政策文件的引导下,切实保障资源教室的运作。它要求明确资源教室常规化运营工作机制(包括对象的确定、目标制定、日常教学、考试评估、转衔服务等),经费的投入及使用规范,资源教师的准入门槛、岗位培训、职称评定等实施细则等,并要求相关人员在地区及学校特点的基础上,进行学期末的展示和评估工作,以此验证资源教室的建设和执行成果。这就要求各级政府下达指令至各级教育部门,将资源教室建设工作纳入教育年度工作计划,加强资源教室运作的过程性管理,提出明确、清晰的工作目标及实施办法,统筹发动相关部门共同执行。

---

① 李拉:《我国随班就读政策演进 30 年:历程、困境与对策》,载《中国特殊教育》,2015(10)。

② 于素红、朱媛媛:《随班就读支持保障体系的建设》,载《中国特殊教育》,2012(8)。

(三)群策群力，关注多元利益群体表达

国家政策的发展需要确立整体性目标，更需要各方主体立足于不同处境，积极建言献策，为政策的选择与平衡提供更多的空间，尽可能多地照顾到多方的利益诉求。有学者认为，对于我国残疾人教育类法律或政策的制定，应该要多部门、多学科相互协作，合作是共谋良方的必经之路。[①] 这就要求政策专家要广泛搜罗意见，要与行政、教育部门协商、合作，更要走出当前岗位，深入一线，看到目前资源教室建设的现实发展状况与实际存在的问题。我们可以借助互联网平台，搭建可供不同利益群体自由表达的机制。同时政府可以通过该平台接受民众的建议或回应群体的疑惑。[②] 我们更倡导制定者需要积极倾听普通学校教师、资源教师、家长、特殊学生的心声，努力协调各方的矛盾，并最大限度地提出具体可行的资源教室建设方案和策略。

▶ 第三节
非正式支持：家庭、学校、社会的支持

《特殊教育需要行动纲领》规定，实现对特殊儿童进行成功教育这一目标不仅是教育行政部门和学校系统的任务，还需家庭合作、社区与志愿组织的参与以及广大公众的支持。特殊儿童的教育与发展通常要比普通儿童面临更多的困难和挑战。在特殊儿童发展早期，他们需要更多的关注和支持。比如，听力残疾儿童如果没有佩戴助听器或植入人工耳蜗，他们将很难形成自然的口语能力。当这些儿童进入学校，一般性的普通教育是难以满足其需要的，资源教室的创立和发展恰恰迎合了他们需要额外的帮助与支持的理念。物理环境的融合只是浅层意义上的，融合的有效性应基于有效的支持系统。方俊明提出，有效的教育支持系统主要涉及设备、专业人员、家长和社会性、政策等方面的帮助与支持。[③] 为保证特殊儿童健康成长，资源教室需要扩展其内涵与功能，接受来自家庭、学校、社会组织等多个主体的共同支持。

---

① 刘全礼：《特殊教育导论》，97～98页，北京，教育科学出版社，2003。

② 黄永秀、吴婕：《我国融合教育政策的动力变迁及其优化路径》，载《现代特殊教育》，2021(14)。

③ 方俊明：《融合教育与教师教育》，载《华东师范大学学报(教育科学版)》，2006(3)。

一、非正式支持的现状研究

（一）特殊儿童家庭的支持现状

家庭对孩子的影响是潜移默化又深刻的。对于特殊儿童而言，他们与家庭的联系比普通儿童更为紧密。因此，父母的教养方式、亲子关系、家庭氛围等因素都是影响特殊儿童成长的重要因素。有研究表明，父母是融合教育背景下特殊儿童重要的支持来源。[①] 在资源教室的发展中，家长能够意识到特殊儿童进入学校学习是他们教育权利的体现。伴随着越来越多的特殊儿童进入普通学校就读，直接推动了各地资源教室的建立。但是多数家长并未意识到教育的"准入公平"并不代表教育的"过程和结果"的公平[②]，部分家长融合教育的观念仍然比较落后[③]。研究发现，部分家长的心理压力大，内心敏感，不愿意将孩子的问题和障碍透露他人；部分家长几乎不与资源教师沟通，非常被动[④]；还有部分家长对孩子的学业成就抱有过高的期望[⑤]。

（二）学校对资源教室的支持现状

普通学校是资源教室的直接依托。在我国，资源教室多设立在普通学校中。因此，普通学校的管理机制、领导的重视程度、资源教师的职业素养以及校园的人文环境会对资源教室产生较为直接的影响。班额过大、家校沟通不深入、教师间的合作缺失、同伴支持流于表面等问题会成为制约普通学校建设资源教室的重要因素。

（三）民办康复教育机构对资源教室的支持现状

近年来，在国家政策的支持下，我国特殊儿童康复机构如雨后春笋般发展起来。在融合教育发展的大环境下，越来越多的社会机构介入其中，为特殊儿童提供更优质的专业服务。在实际的工作中，这一类的康复机构通常通过承接残联项目、使用外包

---

① Garrick Duhaney L. M. & Salend S J. , "Parental Perceptions of Inclusive Educational Placements," *Remedial and Special Education*, 2000(2), pp. 121-128.

② 彭燕：《特殊需要儿童家长在全纳教育中的角色》，载《现代教育管理》，2010(9)。

③ 王燕、张超群：《基于"全纳教育"视野下农村幼儿园融合教育的问题及对策分析》，载《中国农村教育》，2020(6)。

④ 王天竹：《特殊儿童家长亲职压力与亲子关系的关系：心理弹性的中介作用》，硕士学位论文，沈阳师范大学，2020。

⑤ 文桃：《普通学校融合教育支持系统建构的困境与出路——基于对张掖市 J 学校的调查》，硕士学位论文，西北师范大学，2018。

服务的形式接管中小学的资源教室项目。

（四）志愿服务团体对资源教室的支持现状

当前，我国志愿服务团体对资源教室的直接支持与服务较少，我们通过国内知网、万方等文献搜索平台搜寻的参考性资料较少。比如，我们可以通过社会志愿者介入的方式为孤独症儿童提供服务，可以通过认知行为疗法帮助对他们进行社交训练，为家长提供喘息服务，让其通过参与、总结、反思的形式来进行自我提升。虽然通过小组工作能够给孤独症儿童的融合教育带来一定的积极影响，但是由于服务项目的不可持续性，志愿服务团体角色的模糊性、非专业性等问题也是制约该团体支持资源教室功能发挥的因素。

（五）非政府组织对资源教室的支持现状

非政府组织共同的特征就是既非政府性，也非营利性，其存在目的是其组织的使命，如残联、妇慈会等。当前国内该类非政府组织多为自发性成立，成员为特殊儿童家长、教师等。各地一般都有各自的民间组织，但是对于此类组织的正式资料研究并不多。比如，我国香港地区的协康会、耀能协会、扶康会的牵蝶康儿中心等通过引进校本专业服务、开发英语教学的应用程序，帮助特殊儿童适应学校生活。

二、提供支持性策略，改善非正式支持的功能

父母是特殊儿童成长的第一责任人，父母对特殊儿童情感上的支持能够帮助他们更好地融入普通学校的环境，提高其行为的适应性；父母还可以为特殊儿童分析并制定在校或在家日常活动的时间表，并指导其完成学习和其他任务。[1] 除此之外，父母还应与资源教师积极沟通，向资源教师提供特殊儿童的成长和发展史、性格和学习特点、行为习惯等信息，共同安排资源教室课程计划及内容。总之，特殊儿童家庭在资源教室的支持保障体系中发挥着不可替代的作用[2]，需要培养家长主动参与的意识[3]，

---

① 牛爽爽、邓猛：《融合教育背景下的残疾学生社会支持系统探析》，载《中国特殊教育》，2015(9)。

② Mundhenke L., Hermansson L., & Birgitta, Sjöqvist Nätterlund "Experiences of Swedish Children with Disabilities：Activities and Social Support in Daily Life," *Scandinavian Journal of Occupational Therapy*，2010(2)，pp. 130-139.

③ 文桃：《普通学校融合教育支持系统建构的困境与出路——基于对张掖市 J 学校的调查》，硕士学位论文，西北师范大学，2018。

如在资源教室的对象准入、教育评估、目标制定、内容选择、监管评价的各个方面主动参与。

普通学校要加强主人翁意识，通过开展线上线下的教师培训来弥补专业师资的不足；要在基本运作机制上融入资源教室的教学及管理模式；要在校园内加大对融合教育观念的宣传；强调包容、开放、共享的人文环境；通过班会、校园文化节等形式引导特殊儿童树立合作意识，采用同伴支持教学策略①；采用"一对一"帮扶、结对的互助方式提高特殊儿童参与学校教学及集体活动的次数及融合程度。

随着经济的不断发展，我国社会工作得到了强化与发展，社会工作的服务精神及理念也不断被人们接受，人们越来越认为以专业外包服务的形式支持某个项目的发展更为经济和可操作性强。相关部门可以以出资购买服务的形式为学校发展提供各种支持性服务。因此，在这一模式下，学校可以转变思想，通过学校社工的角色，发挥资源教室的功能；在政府的帮助下，以购买服务的形式引入专业的社会工作团队，或成立专门化的社会工作部门，让其发挥资源教师的作用，为特殊学生提供专业化的服务（教育转衔、校园无障碍环境的建设、形式多样的心理辅导、资源教室理念的宣传等）。②

还有研究指出，融合教育志愿者是社会支持资源的重要组成部分，对推动融合教育的发展与完善发挥着中流砥柱的作用。③ 由于国内可供借鉴的经验相对较少，我们可以参考美国在实践中的做法，引导志愿者通过模拟特殊学生感受当前环境的不适感，再根据特殊学生的需求来为他们提供对应的支持与服务。我们还可以进行一些关于特殊学生生理、心理方面的紧急培训，指导志愿者为特殊学生提供康复训练、学科性的辅导以及常规活动。④ 除此之外，完善志愿服务体系，为志愿者提供资源教室手册，也是稳定和增加志愿行为服务的有效途径。⑤ 最后，我们还可以规范志愿者团体。比

---

① 陈翠婷：《普通小学实施融合教育支持系统研究——以重庆市 Q 小学为例》，硕士学位论文，西南大学，2020。

② 高静：《台湾残障大学生社会支持的研究——以 D 大学的资源教室为例》，硕士学位论文，上海师范大学，2019。

③ 张丽莉、徐春晓：《美国融合教育支持体系中的志愿者支持及对我国的启示》，载《残疾人研究》，2021(3)。

④ Marrs L. W. ，"Should a Special Educator Entertain Volunteers？ Interdependence in Rural America，"*Except Child* ，1984(4)，pp. 361-366.

⑤ Baggerman M. A. ，Ault M. J. ，& Collins B. C. ，et al. ，"The Effect of Coaching on a Faith Community Volunteer's Use of Effective Teaching Behaviors，"*Research and Practice for Persons with Severe Disabilities* ，2015(4)，pp. 294-306.

如，以某个区域的大学为依托，招募大学生志愿者团体，定期组织大学生进入中小学，并在阶段性的实践和帮扶后为他们提供沟通、交流、自我进步的平台，从而使他们获得心灵上的洗涤与成长。①

资源教室的发展离不开康复机构的帮扶。民办康复教育机构既克服了志愿者团体专业性不足的问题，又以灵活的外包形式缓解了资源教师体制不健全的矛盾。但是民办康复教育机构的发展仍然需要政府的进一步规范。比如，在行业规范方面，需要制定准入门槛、成立行业监管委员会、制定运营机制体制等；要进一步加强对民办康复教育机构的资金支持，对符合标准的机构进行资金的扶持或税务的减免、专项补助等，通过政府的力量引导其有序、规范化发展。

对于非政府组织对资源教室的支持，我们可以借鉴成都天使心社会工作服务中心的相关经验，通过整合多方资源，在学校、社区、企业间宣传关爱心智障碍家庭的友好观念，推动融合教育资源教室的教学实践和文化理念的建设。政府要鼓励、支持、引导非政府组织的发展，积极调动非政府组织的力量，通过各种支持服务计划的组织与实施，使特殊学生的社会支持更加全面、灵活、专业和多元化。②

本章小结 ····▶

资源教室从无到有是一个历史性的突破，从建立到逐渐完善更是一个漫长而有意义的过程。无论是初始的建立还是后续的发展，政府、家庭、学校、民办康复教育机构、志愿服务团体和非政府组织都发挥着举足轻重的作用。政府的社会政策支持为资源教室的发展指明了方向。在支持性法律及政策的牵引下，非正式支持也开始崭露头角。学校作为资源教室建设的阵地，应为资源教室的发展提供一个开放、融合、共通的平台；家庭应为资源教室的发展提供信息和情感性支持；民办康复教育机构应以其独特的社会角色为资源教室的发展提供重要补充，即为学生提供直接的康复与教学训练；志愿服务团体应为资源教室的发展提供训练支持与服务；还有非政府组织应通过积极整合各方资源，推动资源教室的高质、高效发展。

---

① Bigby C. & Craig D. , "A Case Study of an Intentional Friendship between a Volunteer and Adult with Severe Intellectual Disability：'My Life is a lot Richer!'," *Journal of Intellectual & Developmental Disability* , 2017(2)，pp. 1-10.

② 牛爽爽、邓猛：《融合教育背景下的残疾学生社会支持系统探析》，载《中国特殊教育》，2015(9)。

思考与练习·····▶

1. 支持的定义是什么?

2. 资源教室的正式支持与非正式支持分别包括哪些方面?

3. 如何提升非正式支持对资源教室的推动作用?

第六章　资源教师

学习目标

知识目标

1. 了解资源教师的定义。

2. 理解资源教师的职责与作用。

能力目标

1. 掌握资源教师的管理。

2. 掌握资源教师专业发展的基本路径。

情感目标

1. 尊重特殊儿童，以平等的心态对待特殊儿童。

2. 关爱特殊儿童，正视特殊儿童的需要。

思维导图

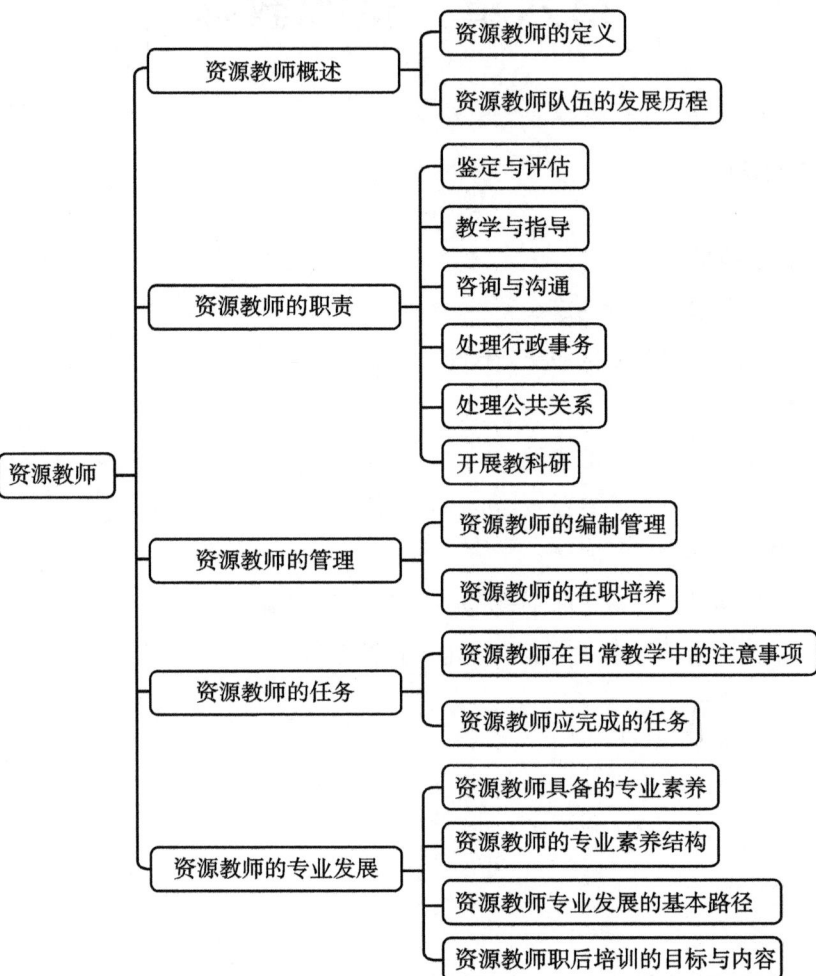

资源教师
- 资源教师概述
  - 资源教师的定义
  - 资源教师队伍的发展历程
- 资源教师的职责
  - 鉴定与评估
  - 教学与指导
  - 咨询与沟通
  - 处理行政事务
  - 处理公共关系
  - 开展教科研
- 资源教师的管理
  - 资源教师的编制管理
  - 资源教师的在职培养
- 资源教师的任务
  - 资源教师在日常教学中的注意事项
  - 资源教师应完成的任务
- 资源教师的专业发展
  - 资源教师具备的专业素养
  - 资源教师的专业素养结构
  - 资源教师专业发展的基本路径
  - 资源教师职后培训的目标与内容

▶ 第一节
资源教师概述

一、资源教师的定义

在资源教室中，资源教师是教学方案的主要实施者，也是特殊教育和普通教育沟通的桥梁，负责对特殊儿童进行个别辅导、补救教学，为普通班级教师和家长提供咨询与支援服务。

二、资源教师队伍的发展历程

（一）我国资源教师研究的开展期

随着随班就读模式在我国如火如荼地推广，人们不只关注特殊儿童在普通学校随班就读的数量，更关注随班就读的质量。同班就读这一概念于 2013 年出现在邓猛、景时发表的《从随班就读到同班就读：关于全纳教育本土化理论的思考》一文中。此文的发表标志着我国融合教育的衡量标准从关注数量转为关注质量，也标志着我国特殊教育的实际情况与西方融合教育理论碰撞的火花形成了具有中国特色、适应中国具体国情的融合教育模式。随着《特殊教育提升计划（2014—2016 年）》《第二期特殊教育提升计划（2017—2020 年）》的相继出台和《普通学校特殊教育资源教室建设指南》的印发，表明在人们开始追求随班就读模式的质量以后，对资源教室的需求也日益增大。在资源教室大力建立之时，相伴而生的资源教师研究进入了开展期。资源教师的相关研究不再是仅仅尝试得出具备我国特色的资源教师定义以及提出自身的疑问，而是开始着力于对我国资源教师建设提出看法、对职业具体要求提出建议、对资源教师专业发展以及实证研究发表意见。在我国资源教师研究的开展期，学者对我国资源教师的研究角度也逐渐扩大，研究内容也更为深入。

（二）我国资源教师研究的发展期

在这一时期，学者将我国资源教师研究放在一个相对重要的位置。从 2013 年刘慧丽的博士论文《融合教育理念下资源教师角色的指导模式研究》中收集的访谈者基本信息中得知，受访的 17 位现任资源教师中只有 4 位持有特殊教育教师资格证，来自特殊教育师范学校的有一位，来自特殊教育本科专业的有 2 位，还有一位是特殊教育专业

的硕士，其他教师均参加过特殊教育教师研习。这足以说明资源教师多来自普通教育
骨干教师的事实。这些骨干教师固然具有丰富的教学经验，但是毕竟在特殊教育专业
知识与技能上有明显不足。学者对资源教师的研究更多倾向于我国资源教师应以特殊
教育专业毕业生为主体，实施复合型资源教师培养模式。由于我国资源教师的角色职
责较多，一人身兼多种角色，因此应快速加强资源教师的力量，以特殊教育专业为主，
在入职前辅以普通教育教师课程的培训或者"4＋1"方案（4 年特殊教育教师培养加 1 年
普通教育教师培养）。

美国、日本等国家采取的是综合性培养模式，想从事特殊教育的人员需要在综合
性大学的教育学院学习特殊教育专业课程或者在普通院校拿到教师资格证之后再学习
特殊教育专业课程。在美国，担任资源教师必须满足具有普通教育学学士学位、特殊
教育硕士学位，取得特殊教育教师资格证，并且实习不少于 10 个月，考核通过等条
件。我国台湾地区资源教师必须具有特殊教育教师资格证，进修相应的学科专长或者
诊断评估等课程。

在我国大陆地区一些城市如上海、北京等地，从事特殊教育的教师必须通过本地
考核，取得本地特殊教育教师资格证。但是，国家统一考核颁发的特殊教育教师资格
证目前还较为欠缺。由于以普通教育教师为主体、具有特殊教育专业背景的教师较少
是我国资源教师的发展现状，并且在普通教育教师担任资源教师的情况中，心理教师
调任资源教师等的情况不在少数，因此我国资源教师培养中两种倾向的研究居多。
一种是强调我国资源教师应以具有特殊教育专业背景的教师为主体，辅以普通教育的
教师（但接受过特殊教育培训）。虽然学者都认同这种是资源教师培养的较好方式，但
是学者清楚地了解这种资源教师培养近几年能实现的可能性较小。另一种是强调我国
资源教师应以普通教育教师为主体（这些教师在担任资源教师之前接受过特殊教育专业
的职前培训并在职后不断接受国培或省培），加上一部分有特殊教育专业背景的教师。
这两种对资源教师的研究各有所长，都直面我国资源教师培养的本质问题，研究其问
题解决的可能性。还有一些学者在上述实际情况下发现另一种可能性，就是将特殊教
育教师抽调为资源教师。因为目前具有特殊教育专业背景的教师还不能满足我国对资
源教师的需求，所以在短时间内用这种抽调特殊教育教师担任资源教师的方法，来尽
可能补充资源教师的不足。在我国资源教师研究的发展期，学者对资源教师的研究更
多是站在解决资源教师实践问题的角度，而对于资源教师这一职业本身的培养理论研
究是有所欠缺的。

▶ 第二节
资源教师的职责

　　资源教师承担着鉴定与评估、教学与指导、咨询与沟通、处理行政事务、处理公共关系、开展教科研等多方面工作。全面筹划和实践各项工作是特殊教育和普通教育之间沟通的桥梁。

一、鉴定与评估

　　资源教师主要负责实施与协调全校特殊儿童的转介与鉴定工作，负责检查与协调本校特殊教育有关规定的实施，获取、运用并解释各种诊断工具与策略。具体包括：①启动转介程序，做好相关准备工作，如熟悉转介流程和设计表格；②熟悉特殊儿童转介资料，安排筛选、鉴定和评估相关事宜；③与普通班级教师一起从普通班级筛选特殊儿童；④收集特殊儿童在普通班级学习的具体情况，为鉴定和评估做准备；⑤进行教育诊断测验，为鉴定和评估做准备；⑥配合进行多元评估，汇总、撰写评估鉴定报告，提出初步安置和教育方案。

二、教学与指导

　　①参与设计个别化教育计划。
　　②设计并运用教学方法和行为指导策略，进行个别训练和指导。
　　③选择、设计满足个别特殊儿童需要的教材、教具和多媒体。
　　④开展小组或个别特殊儿童的资源教学。
　　⑤动态观察和评估特殊儿童接受资源教学后的发展状况，为修改个别化教育计划收集资料。
　　⑥促成特殊儿童回归主流，跟踪服务直至他们完全适应普通班级的教学活动。
　　⑦指导或协同完成普通班级的差异教学。

三、咨询与沟通

　　①为普通班级教师、家长和志愿者提供特殊教育专业技能咨询。

②给普通班级教师、家长等介绍或提供特殊教育有关法规、书籍和其他信息。

③给普通班级教师介绍或提供在普通班级可使用的特殊教材及教具。

④为普通班级教师介绍或提供在普通班级开展个别化教育的行为辅导策略。

⑤主办或协办特殊教育研讨学习活动，介绍特殊教育相关知识。

四、处理行政事务

①分析资源教室服务的教育效果及其行为表现，充实和完善学生档案。

②定期开展资源教学的自评工作，作为发展或改进参考的依据。

③组织有关人员研讨资源教室学期或学年度的运作计划。

④管理资源教室内的各种软硬件设施。

⑤制订资源教室学期经费预算和使用计划。

⑥组织召开资源教室教育的各项会议。

五、处理公共关系

①向同事和家长介绍资源教室的功能，获取其理解和支持。

②与普通班级教师交流特殊儿童的学习发展信息，并交流经验。

③与相关教师或教辅人员沟通协调，建立良好关系，便于开展工作。

④组织并利用各种校外资源，促进资源教室教育教学工作的开展。

⑤与家长联系，告知特殊儿童在资源教室的发展情况以及要求家长配合的事宜。

⑥与相关学术和行政机构保持联系，了解资源教室的发展动态和相关政策。与专业机构联系，及时解决资源教室运作中的疑难问题。

⑦构建学区或学校助学伙伴队伍，获取助学者的帮助及其家长的支持，进行相关基础理论和研究方法的自学或咨询。

六、开展教科研

①规划学期、学年度或更长学段的研究课题。

②进行课题研究的组织实施。

③向学校同事、家长等做专题研究报告，介绍和推广研究成果。

▶ 第三节
资源教师的管理

一、资源教师的编制管理

为加强资源教师队伍建设、统筹资源教师管理，进一步推动教育资源均衡配置，我们需要建立科学合理、规范有序的资源教师编制管理新机制。

（一）编制总量核定

建立机构编制部门核定总量和教育行政部门统筹使用的教师编制管理制度，以公办中小学教师专项编制数为市本级及区教师编制基数。机构编制部门依据编制标准、生源变化及融合教育需求，按年度核定市、区行政区域内参与资源中心管理的学校编制总量。

（二）编制动态调整

在各级机构编制部门核定的教师编制总量内，教育行政部门依据学校班级数、学生数和教学实际需求，提出具体所属各学校使用编制数的分配意见。按规定程序由机构编制部门、教育行政部门联合行文下达到各中小学，实现编制到校管理，并抄送同级财政、人社部门。

（三）人员调配模式转变

实行教师编制动态管理后，现有教职员工在行政区域内学校之间进行调配，不再实行人员调配核编审批制。由教育行政部门制定调配方案，并按程序报同级机构编制、人社、财政部门备案。机构编制、人社、财政部门在五个工作日内完成备案工作后，由教育行政部门在学校核定编制内自行办理手续。为便于编制下一年度财政预算，行政区域内学校之间的教职员工调整定为每年秋季开学前调整一次。

（四）教师进出口严控

教师编制使用实行"严控两头、放开中间"管理，在教师进口、出口两个环节严格执行原管理规定。一是教育行政部门及学校必须严格执行机构编制实名制管理有关要求。对学校发生的人员变动情况，每年6月底和12月底前统一由教育行政部门完成机构编制实名制管理系统信息更新和编制册信息登记工作。二是教师招聘以及从行政区域外调入、遴选、安置的教职员工继续实行人员核编审批制，自然减员按现行管理规定办理。

二、资源教师的在职培养

（一）资源教师必备的基本素质

1. 专业知识

资源教师需要具备相应的专业知识，了解不同类型的学习障碍，如孤独症、注意力不集中和学习困难等，在教学中需要针对这些情况提供有针对性的教学方案。

2. 沟通能力

资源教师能够与特殊学生、家长、教育者和其他教育工作者进行有效的沟通和交流，以确保学生能够顺利适应学校学习、生活。

3. 时间管理能力

资源教师能够管理时间，并能够在提供个性化的指导和管理特殊学生的行为之间寻求平衡。

4. 同理心和耐心

在为特殊学生提供支持和指导的过程中，资源教师必须表现出同理心和耐心。

（二）资源教师的专业培训

为了成为合格的资源教师，我们需要接受教育学、心理学、沟通学等的专业培训。比如，一些高校在为全纳教育注入了人力资源的同时，开设了相关专业课程。这些课程包括对学习障碍的了解、科技在教育介入中的作用和使用方法，以及沟通技巧和时间管理。对于教育机构，特别是针对特殊学生的特殊教育学校和政府学校，需要建立相应的专业培训机制来提高资源教师的专业水平。

（三）终身学习

在全纳教育理念下，资源教师应该不断发展其专业知识和技能。资源教师需要参加研讨会，以提升其专业水平和实现知识更新。资源教师也应该具有强烈的求知欲望，熟悉最新的教育技术和研究领域，并将其融入日常的教学实践。

资源教师的培养还特别强调学习全纳教育的理念和核心价值观。资源教师必须相信和推广全纳教育的原则以及教育平等的理念，并乐于追求和实践这些原则和理念。

▶ 第四节
资源教师的任务

一、资源教师在日常教学中的注意事项

（一）教学组织形式

资源教师能够根据特殊儿童的实际情况，灵活地进行分组教学。有时可以全班一起上课，有时要分成小组或大组来授课，有时要开展个别活动，有时班中的部分人或一个人可以到另外的班级上课或由资源教师一对一地单独授课。

（二）教学内容

资源教师所讲授的课程不固定，可以自主依据情况把多种教学内容和方式综合到一个教学单元中，让特殊儿童能够在更自然的情境中进行学习。资源教师有时会根据特殊学生实际情况的变化来调整教学的时间和内容。

（三）教学主导者

我们可以采用双师或者多师的模式，即一个课堂中可以有多个资源教师同时教学。所有资源教师必须协同合作，组织教学内容，合理分配教学时间。

（四）教学场所

资源教师教学的地点不只局限在教室，有时在室外、生活场所或者劳动场所等，可以适时地进行知识与技能的传授。

多样化的教学模式对资源教师的专业知识和教学技艺有了更高的要求。所以资源教师需要一专多能，并具备和普通学校教师以及其他辅助人员协同合作的能力。

二、资源教师应完成的任务

（一）制订和执行个别化教育计划

资源教师的主要任务是负责制订和执行个别化教育计划，并且和普通学校教师一起讨论个别化教育计划，共同协作完成。

（二）提供咨询服务

资源教师要像社会工作者、心理学家、咨询师和康复专家那样为特殊儿童提供心

理咨询服务；同时为家长提供家庭教育、学习指导、心理卫生、社会人际交往及家庭关系等方面的咨询，帮助家庭促进特殊儿童的发展。

（三）开展评估测量

资源教师要能够为特殊儿童提供能力缺陷诊断和鉴别服务。通常每所普通学校都会配备一位具有诊断评估资质的资源教师，被称为心理教师。

（四）提供有针对性的康复服务

资源教师要能够为特殊儿童提供健康教育服务，关注特殊儿童的营养需要，协助专业治疗师为特殊儿童提供功能性康复服务。

（五）提供职业生涯指导

资源教师能帮助特殊儿童设计职业生涯发展规划，通过设计使特殊儿童接受职业准备指导和职业能力训练。在课程实施过程中，资源教师还要对特殊儿童进行自主独立和与他人合作等品格的培养。

▶ 第五节
资源教师的专业发展

一、资源教师具备的专业素养

我国将随班就读即在普通学校招收特殊学生作为我国特殊教育的主要形式。随班就读不是简单把特殊学生与普通学生安置在同一个班级内实施教学，而是要创造条件为特殊学生提供适合他们自身的教育。在我国现阶段，资源教师是随班就读工作开展的核心人物，融合教育服务质量有赖于资源教师的专业素养。有学者认为教师专业素养由教育理念、专业知识和专业能力构成。[1] 有学者提出教师的核心素养包括知识素养、能力素养、人格素养、专业素养、评估素养等几个关键的组成部分。

有学者借助问卷探究国内随班就读教师的融合教育素养，提出教师专业素养主要指教师从事教育教学活动所具备的基本条件和能力。[2] 在融合教育背景下，资源教师需要具备融合教育理念、知识、技能及主动寻求并获取支持的融合教育素养。教师专

① 叶澜：《新世纪教师专业素养初探》，载《教育研究与实验》，1998(1)。
② 王雁：《随班就读教师融合教育素养及提升模式研究》，载《教育科学研究》，2021(8)。

业素养指教师应当具备的基础的职业素养。有学者基于特殊教育教师职业素养的概念，从知识、能力和人格三个维度方面分析了我国特殊教育教师的职业素养，提出要重视特殊教育教师专业素养和职业素养的培养与考核，选拔有基础素养的教师，更要注重教师职后的培训。还有学者在对培智学校教师进行专业素养调查时发现入职时特殊教育专业教师占 44％；教师对培智教育和智力障碍儿童方面的知识掌握不足，对学科知识掌握也不好；建议加强职前培养及职后培训，提升资源教师的教育教学能力。

二、资源教师的专业素养结构

综观国内外对融合教育教师专业素养的研究，对资源教师专业素养结构的研究主要集中于专业知识、技能和理念方面。结合我国资源教师的发展现状，目前提升资源教师专业素养的关键是提升资源教师的知识和技能水平，使资源教师提供的教学和服务满足特殊儿童的当前需要。专业知识包括普通教育知识、课程与教学知识、康复知识、资源教室知识、特殊教育知识和特殊教育法律法规；专业技能包括学习环境的设计、个别化教育计划、课程与教学方法、教育咨询与训练、筛查评估、生活与社会适应、康复训练及相关人员培训；专业理念包括教师观、学生观、学习观、评价观、课程观、教学观方面。资源教师应加强融合教育意识，要用平等发展的眼光对待特殊儿童，关注特殊儿童的细微成长，尊重每一位特殊儿童，充分认识到特殊儿童可以达到与普通儿童同等的能力发展水平；树立对特殊教育的信心，激发工作的热情和积极性，主动通过学习提高自身的专业素养，相信每一位特殊儿童都有自己的特点。

三、资源教师专业发展的基本路径

（一）资源教师专业标准的确立

2015 年，教育部颁布的《特殊教育教师专业标准（试行）》从专业理念与师德、专业知识以及专业能力三个维度阐述了特殊教育教师所具备的素养。由于资源教师所担任的角色较多，包括教师、康复师、咨询师、评估者和培训者，因此资源教师具备的专业素养要更多、更全面、更复杂。

2004 年，美国《残疾人教育法》修正案提出师范教育学院培养特殊教育和普通教育教师的方法。该修正案强调，残疾儿童的学习内容必须达到与其他儿童相同的标准，特殊教育教师必须知道如何以类似于普通教育教师的方式协调课程、教学和评估。美国特殊儿童委员会颁布的《特殊教育教师标准》提出了特殊教育教师伦理准则、特殊教育教师初级和高级知识技能标准，明确了当今对特殊教育教师的知识技能要求和特殊教育教师面临的挑战，同时强调了伦理准则在特殊教育教师素养结构中的重要性，从七个方面对特殊教育教师的工作予以规范：注重学生的个性发展和个体学习差异、创造学习环境、课程内容知识、评估、教学计划和策略、专业学习和道德实践、合作。澳大利亚 2011 年颁布的《国家教师专业标准》提出专业知识、专业实践和专业发展三大要素，基于此划分出毕业教师、熟练教师、专业教师和主导教师四个发展阶段。特殊教育教师需要做到与其他教师员工合作、协调普通教师提升教学、满足学生的需求、为学生提供不同学科的课外辅导。

我国目前还未有统一的资源教师专业标准，教师专业标准有利于教师看清职业定位，更好地理解教育。部分资源教师还不能满足当前的教育需求，处于初步发展阶段，同时资源教师专业标准的未统一造成了教师培养目标不清晰。由于资源教师在随班就读工作中所担任的角色和完成的教学任务较多，资源教师专业标准可以参考特殊教育教师专业标准来制定，资源教师发展标准也需要进行进一步明确。确定资源教师专业标准有益于资源教师在工作时明确职责和工作内容，确定资源教师培训模式、课程设置，提升教学质量。

（二）资源教师的职前培养

目前我国还未建立完备的资源教师资格制度及标准，应参考国外对应的专业标准，并结合我国融合教育的现实情况，明确资源教师的专业素养和要求。在明确普通教师职责的基础上，我们应对融合教育相关要求进行详细阐述。通过对国内外特殊教育教师专业标准的评述，我们要将知识、技能、师德相结合，将职前的准入制度、资格证任职制度相结合，以使资源教师队伍的专业素养得到提升，促进资源教师专业发展；要在全国高校设立特殊教育专业和课程，以开展资源教师的培养。高校要完善专业建设和课程设置，使资源教师的培养更为合理，提升资源教师质量，改善与一线脱节的现象。国外一般通过建立教师评估体系来促进教师专业发展。例如，美国教师专业发展评估制度用于对教师教育机构的评估，以促进教育质量的提升。

国外对于教师专业标准的制定和研究较为全面，包括职前和职后的阶段，职前对教师进行评估和考核，职后采用评估方式促进教师专业发展。国外还提倡学生个性培养，同时强调反思教学。2011 年，美国州际新教师评估和支持联盟对颁布的《核心教学示范标准》进行了修订，阐述了普通教师对特殊儿童的责任，提出教师专业标准之一是评估能力。教师通过理解并运用多种评估方法来考查学生的成长情况，不仅有益于学生的进步，也有助于自身的教育决策。教师负责评估学生成长的过程也反映了教师的专业水平。

（三）资源教师的职后培训

资源教师职前所具备的特殊教育知识较为匮乏，必须在职后接受培训培养。然而目前有些资源教师没有接受过系统的培训。资源教师培训内容应该是系统且复杂的，有些培训的专业性知识内容较少，涉及教学实践的内容更少。有些培训内容注重理论性知识，未针对资源教师实际教学中遇到的突发情况或困难而培训，培训模式单一生硬，参与培训的资源教师积极性不高。在职培训主要有专家讲座、听课评课、教研讨论、互动式讨论、案例研究等，培训途径有短训班、远程网络培训、函授班等。互动式讨论与案例研究更加被资源教师认可。资源教师的职后培训呈现出多样化，目前校本培训是资源教师职后培训的主要形式。

此外，要提高资源教师的入职标准。多数国家通过建立教师资格标准来规范教师入职，保障教师特殊教育基本知识和技能的储备，提升教师队伍的专业素养，为提高教师质量提供制度保障。20世纪80年代，杜威提倡反思教学，不断反省，发现问题以调整教学，最终实现学生的发展。美国州际新教师评估和支持联盟提出根据定期评估和监测的学生发展情况，制订教学计划，并调整和改进教学，说明了教师根据评估以提升教学质量这一途径。从培训内容和形式来看，资源教师的职前培训大多是学习理论性知识，对实际过程的操作性知识较少关注，形式大多是采用讲座、听课评课。从培训动机来看，部分资源教师参与培训时多处于被动状态，参与培训的积极性不强。职前培养制度有待建立与完善，职后培训模式较单一，与职前培养联系较少，未形成一体化、连续性。

四、资源教师职后培训的目标与内容

（一）职后培训的目标

1. 职后培训目标的设立依据

当前，大多数资源教师的专业理念处于较好的发展水平，少部分地区的资源教师专业理念发展还不够好，所有地区的资源教师对于专业知识和专业技能的掌握处于中等水平。结合对资源教师在职培训情况的调查与需求分析，为提升资源教师的专业素养，应根据资源教师自身的专业发展水平，设置不同培训模块与重点，满足资源教师的不同发展需求。2020 年,《教育部关于加强残疾儿童少年义务教育阶段随班就读工作的指导意见》提出将特殊教育通识内容纳入教师继续教育和相关培训。随着随班就读入学率的提升，我国开始将重心转向随班就读资源教师培训质量的提升，旨在提升资源教师的专业素养。

2. 职后培训目标的构成

职后培训的目的在于提升资源教师的专业素养，即专业理念、专业知识和专业技能。专业素养的提升是资源教师专业发展的核心，帮助资源教师实现专业发展是职后培训的核心目标。因此，可以将职后培训目标确定为：①深入了解融合教育的观念、态度，各类教学方法的内涵，积极主动运用于教学中。②掌握特殊儿童评估技术，依据实践开展对特殊儿童的评估与观察记录。③学会个别化教育计划的制订和实施，掌握各类特殊儿童的发展特点，尊重个体差异。④在评估和制订个别化教育计划后，针对特殊儿童的发展阶段和能力提供适宜的教育支持，并在教学中发展反思意识。

职后培训目标也体现了资源教师的专业素养。首先，要树立正确的融合教育理念，深入了解融合教育的意义、内涵及重要性，能使用正确的观念积极主动地开展工作和教学，帮助特殊儿童提升学习成效。其次，把握各类特殊儿童的生理和心理发展特点，学会理解特殊儿童，掌握行为分析方法，从前事、行为和结果分析特殊儿童的行为。最后，掌握各类专业技能，能对观察和评估的结果进行分析，结合特殊儿童的发展水平和学习特点，制订学习计划，运用于教学的各方面，促进特殊儿童的学习和发展。只有认识到融合教育的重要性和资源教师的职责，才能更好地关注和观察特殊儿童，对特殊儿童的各类行为进行记录和思考，关注特殊儿童的学习过程；提升工作质量，不断学习和成长，实现专业发展。

(二)职后培训内容与结构

1. 职后培训内容的设计依据

(1)注重资源教师的职后培训需求

资源教师多数是由任课教师或班主任兼职担任，职后培训首先考虑的是资源教师的培训需求。有学者提到资源教师的培训必须考虑资源教师现有的知识结构，有针对性地设计培训内容。结合对资源教师教学情况和需求的调查，当前有半数的资源教师仅在空余时间才会给学生上课，这与调查中 90% 的资源教师都是普通教师兼任有关。还有资源教师反映对学生课时安排不明确，没办法做好充足的教学计划和教学准备。

资源教师在工作中遇到的主要困难有教育评估能力不足、撰写个别化教育计划的能力不够、康复技能不足等，资源教师需要的是融合教育理论、课程与教学调整及康复训练的培训。因此，从对资源教师职后培训的调查中可以了解到当前资源教师的困境与需求，从而设置职后培训课程，让培训更具有针对性。

(2)注重培训内容的实用性

部分资源教师在职前培养阶段接触不到随班就读相关知识，职后培训系统不完善，导致开展工作时困难重重。有学者明确提出对资源教师的职后培训必须包含针对融合教育的理论知识培训和实务技能培训。[①] 根据调查结果，资源教师大多认为在个别化教育计划实施、教育评估和康复训练等方面技能掌握不足。因此，需要运用模拟实践的培训方式，让资源教师将学习的技能运用于教学情境中。也有资源教师在调查中提到希望培训内容可以真正解决在教学中所遇到的问题。我们在注重实践内容的同时不能忽视理论学习，如果缺乏理论知识作为基础，那么实践技能的学习内容就无法融会贯通，不能真正帮助资源教师提升专业能力。

2. 职后培训内容的结构

依据资源教师的专业素养，我们将资源教师职后培训内容的结构设计成三个模块和七个专题。第一模块要求学习融合教育的相关理论知识和资源教师职责的相关内容，能够在教学工作中树立正确的融合教育观念，且对资源教师的角色和工作有深入的了解。第二模块要求掌握特殊儿童的教育评估、对个别化教育计划的制订和实施、教学调整方法。资源教师应不断对特殊儿童进行评估后，确定符合其当下能力水平和发展阶段的教学目标及教学内容，逐步了解特殊儿童的学习特点。此外，在不断对特殊儿童的了解过程中，资源教师会积累许多需要解决的问题。这时候需要运用学习的行为矫正和行为支持手段，改善特殊儿童的行为和情绪发展情况，并逐步体会到特殊儿童的个体差异，提升随班就读的教育质量。第三模块要求在真正了解融合教育、体会到特殊儿童的特殊性之后，开始重视沟通与合作，与家长、普通班级教师和儿童主动交流与合作，共同达成教育目标，在教育过程中不断形成反思能力，同时尝试承担学校的资源中心的培训和咨询工作。

专题一为融合教育相关理论知识。在实施融合教育的过程中，资源教师首先必须了解、尊重与认同特殊儿童的个别差异，了解融合教育的发展与起源，理解为什么要设立资源教室，认可所有儿童都有受教育的机会，理解融合教育理念深入人心需要长

---

① 王和平：《随班就读资源教师职责及工作绩效评估》，载《中国特殊教育》，2005(7)。

时间的培养。专题二为各类特殊儿童发展特点。由于每一位特殊儿童的特殊性和复杂性，因此资源教师对每一位特殊儿童的表现会有不同的困惑。核心问题是资源教师对每一类特殊儿童的特点认知不够全面，这直接影响到资源教师对特殊儿童采取的教育措施。所以资源教师需要了解各类特殊儿童的心理、感官、行为、情绪、学习风格、家庭背景等，之后才能设计合适的教学策略和方法应对特殊儿童的个别差异。专题三为特殊儿童评估。有些资源教师在对特殊儿童进行评估这一方面的能力不足。评估是资源教师收集特殊儿童有关信息和进行后续教学活动的基础，评估结果是教学活动的起点。另外，适当的学习评估可以成为教学的助力，但如果评估结果与特殊儿童本身能力不符，可能会阻碍教学活动的开展。资源教师需针对不同领域、不同发展阶段的特殊儿童，选择不同的评估标准和工具，介绍不同的评估工具及在情境活动中的运用。专题四为特殊儿童的课程与教学调整。课程与教学调整是因特殊儿童的个别差异和需求而有不同的课程与教学设计。资源教师要有效进行教学，除了依据理论知识，还要依据特殊儿童的特性选择合适的教学方法，引发特殊儿童的学习兴趣。有学者提出了添加式课程、辅助式课程、修正式课程、补救式课程、适性式课程及补偿式课程六种课程调整方法。① 另外，教学活动的设计需要与特殊儿童的实际生活经验相联系，按照特殊儿童的需求实施补救教学。专题五为个别化教育计划的制订与实施。在对特殊儿童进行能力评估后，未达到教育目的，资源教师需要根据特殊儿童需要发展的不同领域，设计个别化教育目标，按照特殊儿童当前需求设计不同的教学活动。个别化教育计划的制订不仅是资源教师一个人的力量，还需要与普通班级教师、家长的沟通，才可以增进学习效果；不仅要依靠教材和教案，还要根据特殊儿童的个人情况做出教学改变。专题六为常见的特殊儿童。处于同一发展阶段的同一类型的特殊儿童，个体差异较大。资源教师在教学过程中需要感知到特殊儿童的差异性。另外，特殊儿童在发展环境的作用下也会表现不同。这一专题旨在针对在教学中遇到的各类特殊儿童的发展困境，学习教学方法，在交流和讨论中有针对性地解决各类特殊儿童的常见问题。专题七为合作与管理。资源教师需要合理运用教学相关资源，为特殊儿童建立教学档案并管理，更好地确定教学任务，规划教学准备，反思日常工作，实现专业成长。另外，还应学会与家长和其他教师沟通，共同规划和研究特殊儿童的教学计划，帮助解决与家长和其他教师协作不佳的问题。这是影响资源教师教学工作的重要因素之一。

3. 职后培训方式

职后培训的具体组织方式有个案研讨、教学观摩、理论讲授与实践案例结合、专

---

① 参见邓猛：《融合教育实践指南》，北京，北京大学出版社，2016。

题讲座和教学案例分析等。具体的培训方式要根据资源教师的学习内容来设计，同时要多元化，依据不同学习情境和资源教师学习特征采用不同的方式。资源教师职后培训可以采用短期分散的方式，也可以采用线上与线下相结合的方式。具体考虑到资源教师培训内容和实际需求，且不同模块的培训也应有所侧重，模块二应是职后培训的重点，所占比例需高于模块一和模块三。

有关融合教育理论和各类特殊儿童身心发展特点等的培训应采用专题讲座的方式，解读最新的政策文件，结合典型案例创设真实的融合教育环境，提升资源教师对资源教室和各类特殊儿童的认识。有关资源教室的环境创设和课堂规范性的培训应采用让资源教师听取优秀资源教师的环境创设、课堂准备、档案管理、教学反思等建议，让资源教师感受成为一名真正的资源教师需要准备哪些内容以及新颖的教学方式。资源教师在学习一些解决问题的策略和方法时，利用某一特殊儿童的案例进行分析，在专家的指导下对特殊儿童的学习问题逐一突破，可以迅速领悟知识点。例如，采用小组讨论的学习方式，通过对特殊儿童的教育起点、教育目标进行诊断分析，得出有针对性、阶段性、可操作性的学习计划和方案；有关课程和教学调整的内容可以结合案例分析进行培训，让资源教师在具体的教学情境中掌握教学调整的技能，真正将这些技能迁移到实际教学过程中。

本章小结 ····▶

资源教师是教学方案的主要实施者，也是特殊教育和普通教育之间沟通的桥梁，负责对特殊儿童进行个别辅导、补救教学，为普通班级教师和家长提供咨询与支援服务。资源教师的职责包括鉴定与评估、教学与指导、咨询与沟通、处理行政事务、处理公共关系、开展教科研几个方面。资源教师的管理包括编制管理和在职培养两个方面。资源教师应完成制订和执行个别化教育计划、提供咨询服务、开展评估测量、提供有针对性的康复服务、提供职业生涯指导这几项任务。职前培养和职后培训能共同促进资源教师的专业发展。

思考与练习 ····▶

1. 资源教师的定义是什么？
2. 资源教师的职责和任务有哪些？
3. 资源教师的管理包括哪些方面？
4. 资源教师专业发展的路径有哪些？

第七章　资源教师工作模式

学习目标

知识目标

1. 了解资源教师工作的重要意义。

2. 了解资源教师工作的对象和内容。

能力目标

1. 能通过见习了解资源教师工作的重要意义。

2. 能在专业资源教师的指导下作为见习或实习资源教师，为特殊学生、普通班级教师、家长提供服务。

情感目标

1. 具有观察力，保持耐心，关注特殊学生的特点与需求，为其提供适当的教育和支持。

2. 具有合作意识，能和家长、普通班级教师等建立积极的联系。

思维导图

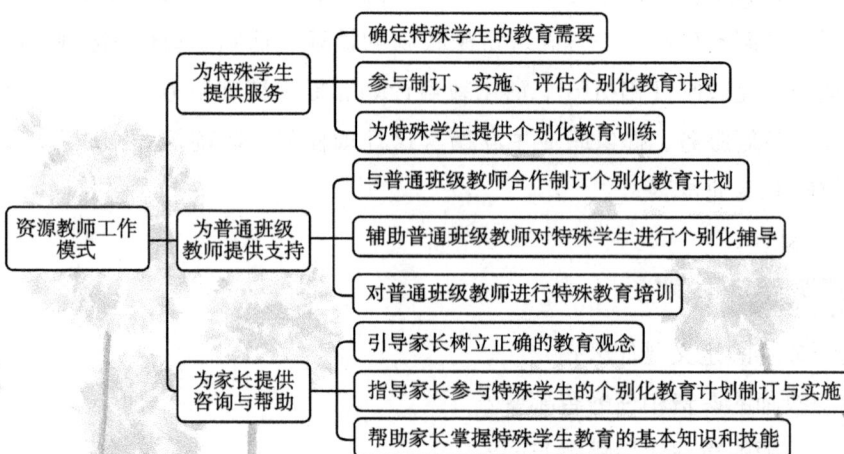

▶ **第一节**
为特殊学生提供服务

资源教师是随班就读工作的重要师资力量，是推进普特融合的桥梁。[①]《教育部关于加强残疾儿童少年义务教育阶段随班就读工作的指导意见》指出，要选派特殊教育专业毕业或经省级教育行政部门组织的特殊教育专业培训并考核合格、具有较丰富特殊教育教学和康复训练经验的优秀教师担任特殊教育资源教师。本章中的资源教师特指有特殊教育专业背景、作为资源教室的主要负责人、对特殊学生进行教育教学及提供相关支持的专任教师。

一、确定特殊学生的教育需要

特殊教育评估是确定评估对象是否为特殊学生、属于哪一类特殊学生、有哪些教育需要的重要途径。资源教师作为特殊学生的教育实施者，是参与特殊学生评估的重要人员。在评估之前，资源教师需对特殊学生的基本信息进行调查，以选择合适的评估工具和评估方式，如观察法、问卷调查法、访谈法、实验法等。在评估的过程中，资源教师要和特殊学生建立良好的关系，避免标签化，力求客观化，并做好评估记录。在评估完成后，资源教师要和参与评估的其他人员（如特殊学生的家长、普通班级教师、学校管理者等）共同梳理评估过程，讨论并得出评估结论。

资源教师需要在全面评估的基础上，结合国家课程标准、随班就读所在班级的教育教学内容与目标，确定特殊学生的教育需要，进而确定每个发展阶段所需的教育场所、目标、策略等。

资源教师作为对特殊学生进行评估的重要人员，除了通过教育前评估确定特殊学生的障碍类型和教育需要，还要在日常教育教学中关注特殊学生的特点和需要，发现特殊学生的优点和缺点，确定特殊学生的阶段性教育需要，将形成性评价和终结性评价结合起来，根据特殊学生的实际情况选择恰当的评估方式，对每个发展阶段目标的实现情况进行评估。资源教师必须以发展的眼光对特殊学生进行客观而全面的评价，这对了解特殊学生现阶段的发展情况以及未来的发展方向具有重要意义。尤其是在

[①] 郭文斌、李群群：《资源教师专业素养的内涵及发展路径》，载《现代特殊教育》，2022(10)。

一些重要节点如期中、期末、小升初、初升高等时期，资源教师要能结合特殊学生的日常表现，为进一步的教育安置、教学目标确定与教学内容选择提供建议和指导。

二、参与制订、实施、评估个别化教育计划

个别化教育计划是根据特殊学生能力与需求所拟订的个性化教育方案。个别化教育计划通常包含长短期目标、教育安置方式、教育内容、教育策略、优缺点分析、教育负责人、家庭支持等方面的内容。

首先，教育评估是制订个别化教育计划的重要依据。资源教师是参与特殊学生教育评估的重要人员，亦要参与个别化教育计划的制订。在制订个别化教育计划时，资源教师要注意以下几点：一是个别化教育计划要规范、全面、完整，而非特殊学生的"学业补习单"；二是明确个别化教育计划的长短期目标，尽量以可观察、可测量的方式表述目标；三是丰富个别化教育计划的课程内容。[①] 资源教师要在个别化教育思想的指导下，在教育评估的基础上选择丰富的课程内容，满足特殊学生治疗性、预防性、发展性等方面的需求，为使特殊学生成为德智体美劳全面发展的社会主义建设者和接班人而做好准备。

其次，特殊学生部分时间需在资源教室进行缺陷补偿或潜能开发。资源教师作为资源教室运作的重要负责人，是实施特殊学生个别化教育计划的重要人员。资源教师要根据个别化教育计划，确定每节课的教学内容、目标、策略和评价等。资源教师还要积极研究融合教育的形式、内容和方法，推动特殊学生更好地融入所在班级、学校、社区。[②] 比如，资源教师可以打破工作场所的限制，以"影子教师"的身份为特殊学生融入所在环境提供发展性支持，在实际情境中引导特殊学生掌握知识与技能，提高适应能力。

最后，个别化教育计划的内容并非一成不变。资源教师要实时记录特殊学生的进步与存在的问题，评估个别化教育计划中长短期目标的实现情况，进而和特殊学生本人、家长、随班就读所在班级的教师、学校行政管理人员等共同商议，修改和完善个别化教育计划的内容。

---

① 贾枫：《论个别化教育计划在资源教室中的应用》，载《绥化学院学报》，2018(1)。
② 常建文：《融合教育资源教师素养刍议》，载《现代特殊教育》，2020(13)。

三、为特殊学生提供个别化教育训练

资源教师要选择恰当的教学目标与方式满足特殊学生的个别化需求。这就要求资源教师切实将"医教结合""教康整合""大单元教学"等理念付诸实践，即可以将学科教学、心理与行为干预、康复训练等方法结合起来。

"核心素养"作为党的教育方针的具体化，正在引领着基础教育课程改革的进一步深化。[①] 从"双基"到"三维目标"再到"核心素养"，其变迁基本上体现了从学科本位到以人为本的转变。[②] 核心素养是学生在接受相应学段教育过程中，逐步形成的适应个人终身发展和社会发展需要的必备品格与关键能力，它是关于学生知识、技能、情感、态度、价值观等多方面要求的结合体，它更加关注学生的体会和感悟过程而非结果。相比于传统的"双基""三维目标"，核心素养是从人内在目标的视角来界定课程与教学的内容和要求。学生核心素养的发展应具备共同性、发展性、可教可学性，是个体适应未来社会、促进终身学习、实现全面发展的基本保障。[③]

学科核心素养是指学生通过某学科的学习而逐步形成的关键能力、必备品格与价值观念。学科知识是学科核心素养形成的载体，学科活动是学科核心素养形成的主路径，学科活动具有实践性、思维性、自主性、教育性、学科性。[④] 基于核心素养的教学要把握知识本质、创设教学情境，基于核心素养的评价更要关注思维品质、注重考查思维过程。[⑤]

教育部印发的《中国学生发展核心素养》文件，为我们全面提高特殊教育质量和培养特殊学生的核心素养提供了基本依据和明确指南。一是要根据《中国学生发展核心素养》中育人为本、立德树人的价值取向及基本要求，转变教育观念，树立素质教育新理念，即从对残疾生命及主体性认识不足向注重提升生命主体能力的教育观转变，从过于注重缺陷补偿向潜能开发与缺陷补偿相统一的观念转变，从过于强调特殊教育"特殊性"和"一技之长"的片面教育向素质教育与特殊教育相统一的全面发展教育观转变。二是

---

① 辛涛、姜宇、林崇德等：《论学生发展核心素养的内涵特征及框架定位》，载《中国教育学刊》，2016(6)。

② 余文森：《从三维目标走向核心素养》，载《华东师范大学学报(教育科学版)》，2016(1)。

③ 辛涛、姜宇、林崇德等：《论学生发展核心素养的内涵特征及框架定位》，载《中国教育学刊》，2016(6)。

④ 余文森：《论学科核心素养形成的机制》，载《课程·教材·教法》，2018(1)。

⑤ 史宁中：《推进基于学科核心素养的教学改革》，载《中小学管理》，2016(2)。

创新特殊教育人才培养模式，全面提高特殊学生的核心素养，即通过加强德育、创新特殊教育课程体系、创新特殊教育教学方式等策略，不断提升特殊学生的核心素养。三是创新特殊教育评价方式，建立特殊教育教学质量评估体系。①

特殊学生受自身情况及所处环境等因素的影响，经常伴有各种心理与行为障碍问题。这些心理行为障碍如果得不到有效的预防与矫正，会直接影响特殊学生的学习状态，甚至会成为特殊学生发展以及日后融入社会的障碍。心理与行为干预是针对特殊学生可能或已经出现的心理与行为问题采取的有针对性的预防和矫正。当前的行为治疗技术与心理治疗具有更容易被人们理解、认识和接受等优势而成为一种占主导地位的治疗方法。其中认知—行为治疗学派主张认知和行为的统一。目前常用的认知—行为治疗方法主要有以下几种。

理性情绪疗法的治疗过程包括心理诊断、领悟、修通、再教育四个阶段。② 具体治疗步骤如下：①指出求治者不合理的思维方式与信念及形成原因；②向求治者明确当前持续的情绪困扰并非早年生活的影响，而是由于不合理信念的存在；③通过与不合理信念辩论方法为主的治疗技术帮助求治者认清并放弃其不合理信念，进而产生某种认知层次的改变，这是治疗中最重要的一环；④在认清并放弃某些特定的不合理信念的基础上，且要从改变他们常见的不合理信念入手，帮助他们学会以合理的思维方式代替不合理的思维方式，以避免再做不合理信念的牺牲。

自我指导训练包括任务选择、认知模拟、外显的外部指导、外显的自我指导、模仿悄声的外部自我指导、练习悄声的外部自我指导、模仿内隐的自我指导、练习内隐的自我指导八个步骤。

应激免疫训练也称为应激接种训练、压力免疫训练，强调人与环境的互动，以及行为与思维、情感、生理过程及行为结果互为因果。具体操作包括教育期、技巧训练期、实践期三个主要阶段。其中，教育期的中心内容是通过讨论勾勒出当事人现在采用的应对方式。技巧训练期的任务是当事人学习特定的应付技巧以及怎样适时适地地应用这些技巧。常用的应付技巧有放松训练、呼吸调节、潜在矫正、角色扮演、想法停止、自我对话训练、生物反馈、系统脱敏、社会技能训练、阅读治疗、注意转移等。实践期通过以想象角色扮演、角色转换、观摩影像资料或直接接触现实等方式实地操

---

① 丁勇：《关于办好特殊教育、提高教育质量的思考——基于中国学生发展核心素养的视角》，载《中国特殊教育》，2017(8)。

② 段兴华、张星杰、侯再芳：《理性情绪疗法的理论及应用》，载《内蒙古农业大学学报(社会科学版)》，2003(3)。

作所习得的技巧。

危机干预是一种以解决问题为目的的短期的帮助过程，并不涉及人格的矫正，而是对处于困境或遭受挫折的人予以关怀和支持，使其恢复心理平衡，重新适应生活。干预对象主要涉及丧失问题（如人员、财产、职业、躯体、爱情、地位、尊严等丧失），适应问题（如新生入学、动迁新居、初为、移民等环境或角色突变导致的适应障碍），人际紧张，矛盾冲突四大方面。危机干预的原则包括：迅速确定要干预的问题、先易后难、循序渐进；以调整自我改善个体与环境不协调的关系为中心；干预过程宜有其家人或朋友参加、协助；应把心理危机作为心理问题而非疾病处理；治疗目标一旦达到，则治疗结束；干预结束时当事人产生的情绪或"新的丧失感"是一种自然的反应；整个干预的过程要突出及时性、有效性、真实性、现实性、支持性。[①]

由于特殊教育的对象范围十分广泛，针对不同类型的特殊学生，除了一般的课程与学科教学、心理与行为干预，通常需采用特殊的干预方式。

言语矫治是每个听障学生必须经历的康复过程，言语的产生涉及三大系统：呼吸系统、发声系统和构音系统。[②] 程凯基于对听障儿童语言学习规律的分析，强调听障儿童的语言教学内容包括语言要素、认知能力和交际能力三个方面。同时他提出了听障儿童语言康复的基本理念：一是要合理科学地安排语言要素；二是听障儿童语言康复不仅是单纯语言能力的康复，还是一个交际能力的发展过程；三是语言康复训练是语言和认知能力的综合训练；四是语言康复训练应重视多感官信息的复合刺激；五是语言康复训练的关键是激发和保护学习动机。[③] 随着以学生为本的教育理念越来越深入教育实践，更多的教育者主张采用一定的方法策略，使听障儿童的听觉训练和语言康复更有趣味性，更好地调动听障儿童参与康复训练的积极性和主动性。张建莉发现运用缓慢平稳呼气法可以提高听障儿童的呼吸支持能力[④]；张蕾等人主张通过游戏手段对听障儿童进行听觉康复和言语矫正[⑤]；刘德华认为绘本阅读对发展听障儿童的语

[①] 张作记、冯学泉、李功迎等：《几种心理行为干预技术的进展与应用》，载《中国行为医学科学》，2005(6)。

[②] 黄昭鸣、万勤、张蕾：《言语功能评估标准及方法》，8～10页，上海，华东师范大学出版社，2007。

[③] 程凯：《听障儿童语言康复对策研究》，博士学位论文，山东大学，2007。

[④] 张建莉：《提高听障儿童呼吸支持能力的个案研究》，载《现代特殊教育》，2017(9)。

[⑤] 张蕾、黄昭鸣、杜晓新等：《游戏在听障儿童听觉康复和言语矫治中的运用》，载《中国听力语言康复科学杂志》，2007(5)。

言能力、思维能力、审美能力、创造能力、认知能力等具有重要意义①；高翠通过实践发现，利用手语动画可以提高听障儿童的英语学习积极性和主动性，以及对英语的实际应用能力②。这些方式都为资源教师对听障学生进行个别化教育提供了参考。

视障学生的教育与训练主要包括盲文或助视器等助视设备的运用、感知运动、概念发展、定向行走、社会交往、生活自理能力、学科辅导、心理与行为等方面。③ 钱志亮等人通过调查研究发现，在入学成熟水平方面，准备进入小学的视障儿童在视知觉能力、运动协调能力、知觉转换能力、数学准备、语言沟通方面显著落后于同龄普通儿童。④ 这为资源教师提高随班就读视障儿童的入学成熟水平提供了参考。资源教师还可以通过创设相关教学情境、精确的语言表达、创设合作学习等方式提高随班就读视障儿童的语文学习能力。⑤ 刘梦元通过对三个随班就读视障学生的叙事研究发现，他们在随班就读中存在学业适应不良、人际关系欠佳、情绪问题凸显、出现退缩行为、自我认识隔离化等问题。⑥ 资源教师要注意发现和分析随班就读视障学生存在的实际困难，并为其提供帮助和引导，必要时将其转介到专业机构。

对于随班就读肢体障碍学生，资源教师除了要根据实际情况教他们学会使用合适的辅具设备，还要采用学科教学与康复训练相整合（如在语文教学中实现言语康复与语音教学的整合），目标导向（选择、确定康复和教育的内容以及开发特定的课程），康复训练与学科课程交替，学校和康复中心阶段性交替（如在随班就读的同时定期到康复中心进行项目训练）等教育康复模式。⑦ 脑瘫是一种包括肌张力、运动、姿势和平衡能力的长期紊乱在内的广泛的运动障碍，其本质是大脑的器质性损伤。⑧ 要想发展脑瘫学生的脑机能，要将动作或肌肉训练和文化训练的核心——言语训练结合起来。资

---

① 刘德华：《绘本在学前听障儿童语言训练中的应用》，载《现代特殊教育》，2021(1)。

② 高翠：《运用手语动画提高听障学生英语读写能力的实践研究》，硕士学位论文，云南师范大学，2016。

③ 钱志亮：《盲童随班就读指导教师的角色与职能》，载《现代特殊教育》，1994(3)。

④ 钱志亮、李珍、贺吉平：《视障儿童与普通儿童的入学成熟水平的比较——能否适应随班就读的循证支持》，载《邯郸学院学报》，2021(2)。

⑤ 刘成敏：《视障儿童随班就读语文学习现状与对策》，2020年"基于核心素养的课堂教学改革"研讨会论文集，北京，2020。

⑥ 刘梦元：《随班就读视障学生学校适应研究》，硕士学位论文，四川师范大学，2021。

⑦ 王辉：《国内脑瘫学生教育康复模式的研究现状与发展趋势》，载《中国特殊教育》，2010(4)。

⑧ 胡悦怡、谢金华、谢汉兰：《我国脑瘫儿童教育康复的研究进展》，载《现代临床护理》，2008(3)。

源教师可以采用重点训练与一般发展相结合、选择有效强化物培养脑瘫儿童的自控力或主观能动性的教育康复思路和策略促进脑瘫儿童的全面发展。①

智障学生的随班就读需要从班级接纳、激趣引导开始，还要特别重视赞扬鼓励和家校联系。② 因此要建立随班就读智障学生社区、资源教室、家庭相互联系的认知康复网络，促进智障学生认知等学习能力的发展。③ 比如，在识字方面，可以采用延伸识字坡度、夯实识字基础、拓宽识字途径、保护识字信心、培养阅读兴趣等教学策略提高智障学生的识字速度和阅读能力。④ 学校管理制度不完善、普通学校教师和学生对智障学生的接纳态度消极、指导随意性大是随班就读智障学生在小升初转衔阶段常常出现的问题，这些问题可能会造成智障学生学习态度消极等不良后果。⑤ 资源教师在面对小升初转衔阶段的智障学生时，要注意识别智障学生随班就读存在的问题，并有针对性地解决。

孤独症具有社交障碍、兴趣狭窄和重复刻板行为三大核心障碍。因此孤独症学生在随班就读过程中面对着复杂的问题和挑战，资源教师要注意观察、了解、分析随班就读孤独症学生在情绪情感、环境适应、社会交往等方面的心理与行为问题。有学者调查发现，随班就读孤独症学生常见的行为问题主要包括违抗、重复刻板行为、发脾气、注意涣散、攻击、自伤、破坏、逃离、不当身体接触等。这些行为的主要目的或功能为获得感觉刺激、获得他人关注、获得奖赏、回避感觉刺激、回避他人关注、回避任务等。资源教师可以选择或开发适当的评估工具，分析孤独症学生行为问题的具体表现形式、主要功能、次要功能，制定个别化的干预方案，同时要重视培养他们如何从言语到行为都表现出对他人的尊重，促进其他学生、教师对他们的接纳。资源教师可以综合运用前事控制策略(主要包括刺激控制、无条件刺激强化、提供替代活动或刺激)，积极干预策略，后果处理策略(主要包括区别强化、反应代价)等行为干预方式处理孤独症学生的刻板行为。辅助沟通系统作为一种能突破自身能力限制的辅助手段，

① 刘全礼：《脑瘫儿童的脑机制及干预探析》，载《绥化学院学报》，2018(4)。
② 黄英：《智障儿童随班就读的四个需要》，载《现代特殊教育》，2008(9)。
③ 须芝燕：《随班就读的轻度智障学生认知康复训练的途径与方法》，载《现代特殊教育》，2010(11)。
④ 林绪奖：《根据智障学生认知特点，采取有效识字教学策略》，载《现代特殊教育》，2017(2)。
⑤ 刘红云、董兴芳：《智障随班就读学生小升初转衔教育存在问题与解决策略》，载《现代特殊教育》，2014(5)。

可以作为孤独症学生的沟通、功能性语言和学业等方面发展的支持性手段。资源教师可以结合孤独症学生的发展特征，教会孤独症学生使用图片交换沟通系统以及语音输出装置，提高孤独症学生的沟通动机。资源教师还可以使用同伴介入法，如通过提供同伴互动机会、同伴辅导等方式提高孤独症学生的社交能力。应用行为分析被认为是对孤独症干预的有效方式，是指人们在尝试理解、解释、描述和预测行为的基础上运用行为改变的原理和方法对行为进行干预，使其具有一定社会意义的过程。应用行为分析对孤独症进行干预的方式主要包括增加社会支持和认可的行为、减少问题行为的发生、培养新技能、行为保持、行为泛化、控制问题行为发生的前提。应用行为分析对孤独症干预的程序主要包括功能分析（观察分析、实验分析），制定干预方案（确定替代行为、提供选择机会、确定干预目标），干预方案的实施（调整前提条件、与学生制定合同、恰当地使用强化程序、结果选择、控制情绪、行为泛化）。资源教师还可以通过使用绘本来帮助孤独症学生提高沟通和认知能力，帮助其树立规则意识。在条件允许时，资源教师可以以辅助教师的身份参与到随班就读孤独症学生学习的课堂中进行支持和辅导。

　　情绪行为障碍学生的问题行为和学业缺陷会导致环境的不良反馈。这可能会对学生的自我认识产生消极影响，并对学生的自尊心和自信心造成损害。为了维护自身的自尊，学生便会产生消极的防御机制，表现出逃避学习等消极行为，从而陷入一种恶性循环。[1] 对随班就读情绪行为障碍学生，不仅要促进其掌握学业知识、发展社会技能，还要增进其自我意识、自我尊重和自我控制等能力。[2] 资源教师可以采用行为障碍系统筛查表等适当的筛查、评估工具，收集随班就读教师、家长等主要教育者对筛查的意见，全面了解情绪行为障碍学生的情绪行为表现、程度，从情绪识别、情绪表达、情绪理解、情绪调节及行为管理五大方面为情绪行为障碍学生制定并实施积极的情绪行为康复训练方案。[3] 研究表明，心理干预联合药物治疗比单独药物治疗可以更好地改善多动症儿童的症状，资源教师可以采用认知行为干预、家庭支持治疗、生物

---

① 张锋、黄希庭：《情绪行为障碍学生的问题行为与学业缺陷的关系》，载《教育研究与实验》，2005(3)。

② 王波：《西方对情绪与行为障碍儿童的研究》，载《现代特殊教育》，2011(9)。

③ 沙鹏：《培智学校情绪行为障碍学生的康复与教学策略研究》，载《绥化学院学报》，2020(10)。

反馈训练等心理干预方式减少不良的行为。① 虚拟现实技术以结构主义教学理论、感觉统合理论为基础，具有沉浸性、交互性、想象性三大特征，在多动症干预中具有以下优势：利于学生自主参与，提高注意力；具有趣味性，促进调节情绪；创造环境，提高学生规避危险的能力；促进学生的认知发展；完善评估，提高效率，将虚拟现实与脑电图、生物反馈训练、时间模拟游戏与暴露疗法等结合起来帮助改善学生的不良行为。② 此外，还可以通过艺术治疗（如绘画）的方式改善多动症儿童的自控性、规范性、冲动性、盲目性、注意的稳定性等。③

关于学习障碍的定义，智商—成就差异模式认为学习障碍是指智力正常，但某一个或几个学科的学业成绩显著落后，且这些落后并非生理、智力缺陷和环境不良造成的。干预反应模式是在普通学校中实施的、通过层次递进式的评估和干预来鉴别和满足学生教育需要的系统，具有预防性、层次递进、评估与干预紧密结合、循证干预系统、指向问题解决五大特征。④ 资源教师可以采用学习障碍筛查量表等工具对学习障碍进行诊断和干预。⑤ 学习障碍可以分为言语型学习障碍和非言语型学习障碍。其中，言语型学习障碍具有视觉—空间认知缺陷、语言理解和表达不足、注意集中困难、汉字再认困难、抽象信息的感知和加工处理能力受损等特征；非言语型学习障碍具有视觉—运动和空间认知障碍（如表现为阅读困难或空间推理能力不足）、神经心理缺陷以及精神运动能力和性格、行为、社会认知缺陷等特征。⑥ 对学习障碍的干预和矫正主要包含以下几种方式：一是行为干预模式，如强化、代币制、反应代价；二是认知—行为干预模式，如认知策略、自我控制训练或自我指导训练；三是同伴指导模式，即让非学习障碍学生帮助学习障碍学生或让一个学习障碍学生帮助另一个学习障碍学生；四是神经系统功能的训练，即心理过程训练，如感觉统合训练；五是生化与药物治疗，即认为学习障碍是由轻微脑功能失调、大脑半球优势交损、脑结构异常等生理

---

① 常宪鲁、王华云：《药物联合心理干预治疗儿童多动症患者疗效观察》，载《临床精神医学杂志》，2012(1)。

② 曹芸、王翠艳：《虚拟现实技术在多动症干预中的应用探索》，载《绥化学院学报》，2017(10)。

③ 王芳、李彬彬：《绘画对多动症儿童干预的效用分析》，载《中国特殊教育》，2017(3)。

④ 韦小满、杨希洁、刘宇洁：《干预反应模式：学习障碍评估的新途径》，载《中国特殊教育》，2012(9)。

⑤ 静进、[日]森永良子、海燕等：《学习障碍筛查量表的修订与评价》，载《中华儿童保健杂志》，1998(3)。

⑥ 赫尔实：《近年来国内学习障碍儿童认知特征研究综述》，载《中国特殊教育》，2005(3)。

因素造成的，如使用药物治疗，或采用限制人工色素、香料等添加剂的摄入，以及补充维生素和补充锌、铜等微量元素。① 资源教师需要针对学习障碍的具体表现和特点制订干预计划。比如，数学学习障碍学生存在工作记忆缺陷和短时记忆不足、问题解决的表征和组织策略欠缺等问题，资源教师可以制定并实施以优势学习和多元评估为导向的有效的、个别化的干预方案。② 随班就读学习障碍学生还面临着社会认知贫乏、判断力缺乏、情感识别能力缺乏、社会成熟水平低、易受排斥等社会交往技能缺乏的问题，这对其融入普通班级具有消极影响。③ 资源教师可以采用教学前的宣导活动、同伴参与、单元主题教学、多种类化策略等方式改善学习障碍儿童的社交技巧，提高学习障碍儿童在随班就读环境中人际交往的质量。④

另外，特殊教育评估既是确定教育对象、目标、内容的重要载体，也是评价教学手段是否有效、学生进步情况的重要方式。资源教师作为评估的重要人员，对随班就读特殊学生的教育评价要做到客观化、个别化、多元化。资源教师应避免以学业成绩、是否融入随班就读所在班级等为唯一标准进行评价，而是要对特殊学生本人及其所在环境进行多维评价。

▶ 第二节
为普通班级教师提供支持

当特殊学生进入普通班级，普通班级教师就必须与特殊教育相关人员进行合作。资源教师与普通班级教师的合作主要经历了三个阶段：一是专家咨询阶段，主要是资源教师为普通班级教师提供咨询与服务；二是共同解决问题阶段，即资源教师与普通班级教师通过相互沟通、调整自己的课程计划等共同促进特殊学生的发展；三是全员参与阶段，即校长、行政领导等相关人员相互支援，共同参与到特殊学生的教育教学中来。⑤

---

① 辛涛、陶沙、梁威：《儿童学习障碍的矫正模式评介》，载《中国特殊教育》，1998(2)。
② 向友余、华国栋：《近年来我国数学学习障碍研究述评》，载《中国特殊教育》，2008(7)。
③ 佟月华：《学习障碍学生社会技能训练的内容与方法》，载《中国特殊教育》，2003(2)。
④ 徐素琼、向友余：《随班就读中学习障碍儿童社交技巧教学的个案研究》，载《中国康复理论与实践》，2010(2)。
⑤ 王佳：《融合教育背景下资源教师与随班就读教师合作现状的调查研究》，硕士学位论文，四川师范大学，2018。

一、与普通班级教师合作制订个别化教育计划

由于普通班级教师是随班就读特殊学生的重要教育实施者，且个别化教育计划的制订和实施是多方参与的过程，因此资源教师要和普通班级教师共同参与教育前评估，结合特殊学生的发展情况、各学科课程标准、核心素养要求和教材内容，共同商讨、拟订个别化教育计划中的长短期目标。长短期目标的制定要注意立足多元化、全面化的评估过程与结果，同时满足特殊学生每阶段学业、人际交往、融入社会等方面的需求。资源教师可以和普通班级教师共同分析特殊学生所需达到的长期目标，并将此长期目标按照教学对象的实际情况分为若干个特殊学生可能达到的短期目标，然后将这些目标以书面的形式呈现出来。[①]

在个别化教育内容的选择上，资源教师要及时了解并配合普通班级教师的教学进度与内容。普通班级教师也要了解资源教师的教育内容，进而有效地携手实现特殊学生的缺陷补偿和潜能开发，促进特殊学生身心的健康发展。

个别化教育计划并非一成不变，它基于评估产生，又根据评估进行调整。资源教师可以结合特殊学生的发展特征制定评估指标，并和普通班级教师共同评估长短期目标的实现情况，发现个别化教育计划存在的问题并及时修改完善。

二、辅助普通班级教师对特殊学生进行个别化辅导

目前资源教师对特殊学生进行的个别化辅导主要有抽离式辅导和融合式辅导两种形式。抽离式辅导即特殊学生在某些固定时间到资源教室，由资源教师对其进行辅导。这种方式是我国当前资源教师主要的工作方式。融合式辅导是为了打破特殊学生接受教育的时间与空间限制，更好地为特殊学生提供及时服务。这种方式虽然能最大限度地满足特殊学生在课堂中的辅助需要，减轻普通班级教师的负担，但可能会对课堂及资源教室的管理造成一定负担，因此实施起来较为困难。

三、对普通班级教师进行特殊教育培训

在特殊学生随班就读的过程中，普通班级的教师要转变教育观念，采用多样化的

---

① 贾枫：《普通学校特殊教育资源教师队伍建设研究》，硕士学位论文，沈阳师范大学，2018。

教学方法，尽可能满足包括特殊学生在内的所有学生的教育需求。资源教师作为学校具有特殊教育背景的专业人员，要承担起对普通班级教师进行特殊教育培训的重要任务。这也是促进其与普通班级教师高效合作的重要方式。

一方面，资源教师要帮助普通班级教师树立融合教育观念。融合教育既是一种思想、理论、理想和追求，也是一种实践活动，体现了人与自然、人与社会、人与人之间的和谐。[①] 随班就读是我国为满足残疾儿童少年的入学要求而探索出的具有中国特色的回归主流之路，但它只是融合教育的初级阶段，还未达到实质性的融合教育。[②] 在我国特有的文化背景下，融合教育更多体现为随班就读，虽然还没有得到充分的发展，但也正从规模效应走向质量提升。[③] 融合教育教师具有区别于普通教育教师和特殊教育教师的专业素养，只有具备融合教育素养的教师才能胜任融合教育工作。[④] 因此特殊学生随班就读所在班级的教师要树立正确的教育观念，以融合教育理念指导教育实践，满足每一个特殊学生的教育与发展需求。

另一方面，资源教师要帮助普通班级教师建立特殊教育知识体系，提高实施融合教育的能力。要想满足特殊学生的个别化需求，普通班级教师需要具备基本的特殊教育专业理念，并掌握基本的特殊教育理论知识与实践技能。顾定倩等人参照2012年教育部颁布的各学段教师专业标准，结合特殊学生的发展需求及安置特点，将特殊教育教师专业标准划分为特殊教育学校教师及随班就读教师专业标准两类，均包括专业理念与师德、专业知识、专业能力三个维度18个领域，并梳理出了我国特殊教育教师专业标准的基本内容框架，如表7-1所示。[⑤] 这也为资源教师对普通班级教师进行特殊教育培训提供了参考。

---

① 周满生：《关于"融合教育"的几点思考》，载《教育研究》，2014(2)。
② 庞文：《我国残疾人融合教育的现状与发展研究》，载《残疾人研究》，2017(4)。
③ 彭兴蓬、雷江华：《论融合教育的困境——基于四维视角的分析》，载《教育学报》，2013(6)。
④ 周丹、王雁：《美国融合教育教师素养构成及启示》，载《比较教育研究》，2017(3)。
⑤ 顾定倩、杨希洁、江小英：《从政策解读我国特殊教育教师专业标准的建构》，载《中国特殊教育》，2014(3)。

表 7-1　我国特殊教育教师专业标准的基本内容框架

维度	领域	
	特殊教育学校教师	随班就读教师
专业理念 与师德	职业理解与认识	职业理解与认识
	对特殊学生的态度与行为	对普通学生与特殊学生的态度与行为
	教育教学的态度与行为	教育教学的态度与行为
	个人修养与行为	个人修养与行为
专业知识	特殊学生的发展知识	普通学生与特殊学生的发展知识
	学科知识	学科知识
	教育教学知识	教育教学知识
	通识性知识	通识性知识
专业能力	特殊学生测量与评估	特殊学生测量与评估
	特殊教育教学设计	教学设计与特殊教育教学设计
	特殊教育组织与实施	教育组织与实施
	特殊学生康复训练	特殊学生康复训练
	特殊学生行为塑造	特殊学生行为塑造
	班级管理与教育活动	班级管理与教育活动
	特殊学生激励与评价	激励与评价
	特殊学生沟通与合作	沟通与合作
	反思与发展	反思与发展

　　特殊教育是一门将教育学、心理学、医学、社会学等综合运用的学科。面对错综复杂的特殊学生，普通班级教师首先要树立正确的特殊教育观念，关注、相信、尊重特殊学生，并有为促进特殊学生的身心发展而努力的信心。同时，普通班级教师至少要掌握当前在自己班级特殊学生的基本情况与发展特征。比如，对于听障学生，普通班级教师要了解听障学生的听觉损失程度、助听设备的使用及维护方法、家庭语言模式、口语清晰度等，同时了解听障学生听觉训练和语言康复的基本方法。对于智障学生，普通班级教师要了解智障学生的感知觉、注意力、记忆力、思维等方面的发展水平，同时了解智障学生教育教学的基本原则、策略。资源教师要对普通班级教师进行特殊儿童教育与心理学等基础性知识理论培训，在此基础上可以结合实际情况指导普通班级教师对所在班级特殊学生进行全方位的评估，进而实施更能满足特殊学生个别化教育需求的教学。

　　普通班级教师的专业技能更多需要在实际教学中进行锻炼，这就需要普通班级教师和资源教师建立长期的合作关系。资源教师要及时和普通班级教师沟通，为普通班级教师解决随班就读过程中的教学难题和专业疑问，可以通过定期、短期培训等方式为普通班级教师提供支持和帮助，进而提高普通班级教师的融合教育技能。

▶ 第三节
为家长提供咨询与帮助

资源教师不仅是教师，还负责资源的管理和运用，担任着评估与鉴定、教学、咨询、转介、资源运转等多方面的工作。① 为家长提供咨询与帮助是资源教师工作的重要方面。总体来说，家长具有以下五个方面的需求：一是资讯支援，即家长希望了解与特殊儿童的发展、治疗、康复、教育、服务和权益保护等有关的信息；二是专业支援，即家长希望从专家和教师那里得到教育特殊儿童的专业知识并有接受培训的机会；三是情感支援，即家长希望得到周围人的理解、接纳和鼓励并受到平等对待；四是经济支援，即家长希望享受为特殊儿童的教育提供必要物质基础的福利待遇；五是社会服务支援，即家长希望社会能为他们设立相关服务机构，帮助他们减轻养育特殊儿童的压力。②

一、引导家长树立正确的教育观念

一方面，对一些疑似或暂时具有特殊教育需要学生的家长，资源教师要和家长共同分析学生目前存在问题的原因，帮助家长解决教育疑惑，并引导家长以联系的、发展的眼光看待学生的学业问题和行为问题。比如，对于智商正常且排除了学习障碍，但学习成绩不理想的学生，资源教师要理解家长的担忧和焦虑，并客观分析学生的情况，让家长以正确的心态对待学生的成长和发展，并为其提供可操性的建议和指导。

另一方面，对一些确实有特殊教育需要学生的家长，资源教师要引导家长树立现代化的特殊教育观念：一是受教育权是每个公民的基本权利，不受身体状况、性别、社会经济地位等因素的影响；二是包括残疾人在内的每个人都是有价值的，残疾人奋斗的过程是社会进步的牵引力量，更是无穷的精神财富；三是随班就读的关键是"读"，

① 孟晓：《资源教师的角色浅析》，载《中国特殊教育》，2004(12)。
② 王强虹：《对特殊儿童家长参与学校教育的思考》，载《西南师范大学学报(人文社会科学版)》，2004(1)。

要重质量而非形式；四是融合教育需要普通教育从观念到形式，从招生对象到毕业标准，从学校管理到教育评价，从学校环境到社区参与等进行一系列的改革；五是个别化教育是基于特殊学生之间的个别差异进行的合适的教育，满足每一个特殊学生的教育需要是特殊教育的重要教育思想；六是"零拒绝"是指普通学校要为特殊学生受教育敞开大门。[①] 资源教师在帮助家长度过心理上的危机期的同时，还应鼓励家长积极参与到子女的教育中去、关注子女的教育需要，同时引导家长建立维权意识，了解国家、地区与特殊学生相关的法律、政策等，切实地与其他家长一起维护特殊学生的受教育权，以及特殊学生及家庭的隐私权等权益。

二、指导家长参与特殊学生的个别化教育计划制订与实施

资源教师首先要引导家长意识到个别化教育观念的基本内涵，以及个别化教育计划的重要性，从而调动家长参与制订、配合普通班级教师与资源教师实施和评估个别化教育计划的积极性和主动性。

在个别化教育计划的拟订环节，资源教师要提前与家长沟通，引导家长积极参与评估，客观地反映子女的情况，从而更全面、客观地对子女进行评价，为个别化教育计划的拟订提供重要依据。

在个别化教育计划的实施环节，资源教师要带领家长梳理个别化教育计划的重要内容，并根据子女的情况探讨不同的参与方式。比如，家长以参与课后评价、在家庭环境进行巩固与练习等方式和普通班级教师、资源教师共同参与个别化教育计划的实施。这要求家长和普通班级教师、资源教师通过各种途径，如家校联系册、微信、电话等方式做到及时沟通、互相反馈。

在个别化教育计划的修改与完善环节，在某一阶段的教学完成后，资源教师要引导家长反馈子女在家庭环境中的真实表现情况，同时提出对子女教育的期待，为修改和完善个别化教育计划提供参考。

三、帮助家长掌握特殊学生教育的基本知识和技能

亲职教育是针对家长的教育，其目的是帮助家长，尤其是父母获得有关特殊教育

---

① 肖非：《观念现代化：特殊教育发展的动力源》，载《人民教育》，2003(6)。

的学科知识，树立正确的教育观念，掌握一定的教育技能与技巧，从而能够解决在教育特殊学生时所面对的一些问题，并能密切地配合学校和社会对特殊学生进行科学的教育、培养和训练。[①]

掌握特殊教育的基本知识与方法是家长的重要需求。家长只有掌握了必要的针对自己子女的特殊教育基础知识和技能才能更好地参与到个别化教育计划的实施和完善中去。比如，听障学生家长需要掌握听障学生的听觉、语言发展规律与特征以及康复训练的基本原理和方法；视障学生家长需要掌握视障学生的感知觉特征；孤独症学生家长需要掌握孤独症学生的身心发展特征、社交与沟通训练的原理和方法（如行为改变技术）等。资源教师可以通过定期开展家访、家校课堂等直接的方式系统地向家长传授特殊教育的基础知识，也可以通过向家长推荐通俗易懂的特殊教育专业资源（如微课、书籍）等间接方式帮助家长了解特殊学生及其教育的基本知识与原理。

家长有效地运用专业知识对子女进行教育训练离不开资源教师等其他专业人员的帮助和引导。资源教师可以通过直接观察或视频分析等间接方式对家长的教育行为进行反馈，进而提高家长特殊教育技能的运用水平。

资源教师还应帮助家长协调好家庭成员之间的关系，更好地体现系统性教育原则。资源教师要帮助家长认识到子女和家庭之间的相互关系，并引导家长构建和谐、友爱、温暖、包容的家庭氛围，促进子女和其家庭成员的共同发展。

本章小结 ┈▶

资源教师的服务对象较为广泛，除了直接服务于特殊学生，还为普通班级教师、家长提供支持与服务。在为特殊学生提供服务方面，资源教师承担着确定特殊学生的教育需要，参与制订、实施、评估个别化教育计划，为特殊学生提供个别化教育训练的工作。在为普通班级教师提供支持方面，资源教师承担着与普通班级教师合作制订个别化教育计划、辅助普通班级教师对特殊学生进行个别化辅导、对普通班级教师进行特殊教育培训的工作。在为家长提供咨询与帮助方面，资源教师承担着引导家长树立正确的教育观念、指导家长参与特殊学生的个别化教育计划制订和实施、帮助家长掌握特殊学生教育的基本知识和技能的工作。

---

① 方俊明：《特殊教育学》，475 页，北京，人民教育出版社，2005。

思考与练习 ·····▶

1. 资源教师为特殊学生提供哪些方面的服务？

2. 资源教师为普通班级教师提供哪些方面的支持？

3. 资源教师为家长提供哪些方面的咨询与帮助？

第八章　融合教育背景下资源教师专业成长

学习目标

知识目标

1. 了解资源教师专业成长的现状。

2. 掌握资源教师专业成长的内容。

3. 掌握资源教师专业成长的策略。

能力目标

1. 能把握资源教师的角色定位与专业发展。

2. 能根据资源教师专业成长的现状提出相应的对策与建议。

情感目标

1. 通过学习提升对资源教师的职业认同感。

2. 通过践行资源教师专业成长的内容提升专业素养。

思维导图

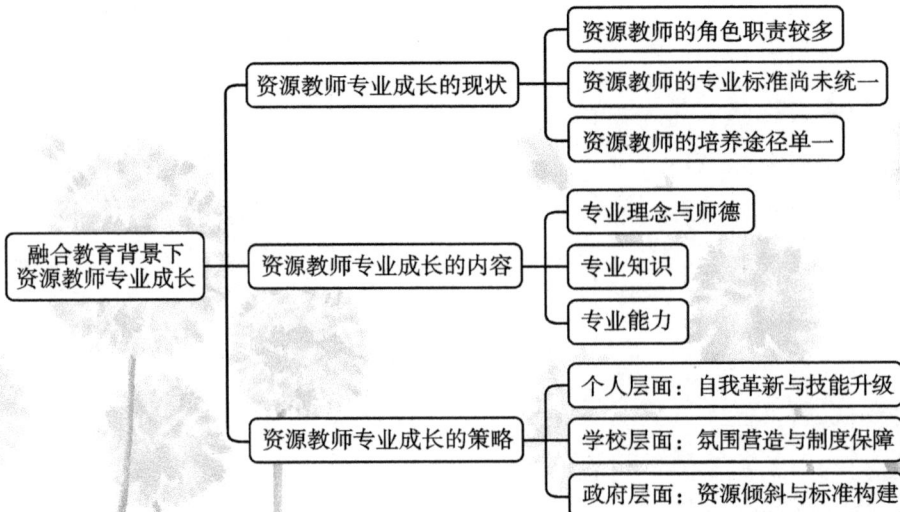

▶ 第一节
资源教师专业成长的现状

国家在政策层面重视资源教师发展，在实践层面强调资源教师的能力培养。由此可见国家对资源教师专业成长的关注与重视。资源教师是具有主观能动性、持续发展、动态变化的个体，资源教师的专业理念、专业态度、专业知识与技能在不同成长阶段通过不同的活动不断得到培养。资源教师作为融合教育重要的实践者，其专业成长不仅对推进融合教育事业发展和质量提升具有重要的意义，也关系到个人生命价值与职业理想的实现。

一、资源教师的角色职责较多

资源教师作为资源教室的核心人物，既要为特殊学生提供诊断评估、学科补救以及个别化教育训练等服务，又要为家长和其他教师提供咨询、指导等支持性服务。因此资源教师所担任的角色包括康复师、教师、咨询师、评估者以及培训师等。资源教师角色的多样化要求资源教师具备一定的专业素质，如医学知识、心理学知识以及特殊教育知识等。除此之外，资源教师由于角色职责较多，很难将工作任务进行具体的细化，出现为了提高班级的教学质量将学习欠佳的学生转介到资源教室的现象。资源教师也逐渐从给特殊学生提供特殊教育的角色转变为给后进生提供课后作业辅导的角色。这种现象不仅使特殊学生不能获得最佳的教育，也阻碍了资源教室的使用。因此，资源教师的专业成长出现了"全能型"和"理想化"困境。所谓"全能型"困境是指对资源教师角色及职责的规定与描述过于庞杂，且专业跨度过大。由于对资源教师的角色定位不清晰，实践中有种令人担忧的倾向，即资源教师被赋予的职责和要求越发增多，与特殊教育相关的所有任务似乎都成为资源教师的工作职责。当前普通学校对能够有效帮助其解决特殊学生教育问题的专业师资有着迫切需求。然而，在专业越来越趋向分化的背景下，这种需求成为一种悖论式的存在。将普通学校推进融合教育的各类现实需求寄希望于通过资源教师这种专业类型师资的设置而实现，与融合教育的发展理念是背道而驰的。融合教育的实践问题不是通过某一类师资力量所能独立解决的。以分工与合作的方式，形成多层次、多类型、多学科的融合教育专业团队，才是有效的实现路径。资源教师仅是融合教育专业团队中的一种支持力量，需要承担的是特定职责，而非追求全面化。所谓"理想化"困境是指资源教师的角色定位过高，导致这些角色定位与资源教师薄弱的专业基础之间产生尖锐的矛盾，对资源教师的理想期待与资源教师的现实状况之间产生较大的差距。有些资源教师多为本校任课教师转岗或兼职，特殊教育的学科背景薄弱，甚至有些资源教师是从零开始学习特殊教育相关知识与技能。对于这些群体来说，相关培训仅是一些"补偿式""快餐式"教育，短时期内要他们完成与资源教师的专业期望相匹配的任务几乎是不可能的。在这一点上，我国与教育发达国家普通学校的特殊教育工作者相比，差异较大。欧美教育发达国家会在普通学校设立特殊教育岗位，但承担这一岗位的人员通常是具有特殊教育专业背景，具有相应资格证书，具备在普通学校承担相关特殊教育工作的专业能力的人员。因而关于资源教师的角色定位及职责要求的国际经验不太容易直接移植或适用于我国目前的融合教育实践。对资源教师的角色定位势必要打破"理想化"困境，否则资源教师专业成长只能在这种过于"理想化"困境中举步维艰。对资源教师的角色定位不清晰也导致当前一些区域的资源教师培训体系较为混乱，缺乏明确的培训方向与目标。于是出现了这样的现象：凡是与普通学校特殊教育相关的内容，譬如特殊教育、康复训练、医学诊断、心理干预等多学科、多领域的课程，都在缺乏充足论证的基础上，以叠加的方式呈现在资源教师培训中。在某种程度上，资源教师被视为融普通教育、特殊教育专业为一体，集教育、康复乃至医学、心理学、管理学等学科于一身的专业人员。这种密集的课程培训对于原本专业基础薄弱的资源教师来说，看似在给予他们一些新理念、新思想、新技能，但庞杂无序的多学科知识只会加重资源教师对自身角色定位的困惑以及对自身符合这一专业期望的怀疑。

二、资源教师的专业标准尚未统一

教育部颁布的《特殊教育教师专业标准（试行）》为特殊教育教师队伍的专业发展提供了依据，从而加强了特殊教育师资队伍的建设。随着融合教育理念不断深入实践，随班就读工作的质量成为学者所关注的内容。据相关统计，截至 2015 年年底，普通小学、初中随班就读学生占特殊教育招生总数的 53.7%。[①] 这说明随班就读的安置方式已经成为我国特殊教育学生的主要入学途径。随班就读教师以及资源教师也成为特殊教育师资队伍的重要组成部分。因此，《特殊教育办学质量评价指南》也提出资源教师

---

① 贾枫：《融合教育背景下资源教师专业化发展》，载《绥化学院学报》，2017(4)。

原则上须具备特殊教育、康复或其他相关专业背景，符合教师法规定的学历要求，具备相应的教师资格，符合《特殊教育教师专业标准（试行）》的规定，经过岗前培训具备特殊教育和康复训练的基本理论、专业知识和操作技能。然而，目前我国资源教师的专业化水平还不能满足资源教师的职业需要，尤其是我国资源教师的研究水平仍处于发展阶段，资源教师的专业标准尚未达成统一。这就造成了资源教师专业发展目标定位不清、发展方向不明的现象。

三、资源教师的培养途径单一

由于我国资源教室出现的时间较晚、各地区特殊教育的发展不均衡，因此还没有专门的机构或者学校培养资源教师。资源教师队伍主要是由普通教育教师和特殊教育教师组成，培养途径无非为两种。一种途径是在普通教师队伍中选取几位教师进行一段时间的培训，获得资源教师的任职条件后上岗。由这种方式培养出的教师虽然能够很好地对特殊学生进行学科补救，但是没有具备深层次的特殊教育知识、理念和方法，无论是在诊断测量、行为训练方面还是在咨询指导方面都远不如特殊教育教师。目前我国资源教室仍处于初步发展阶段，普通学校既没有充足的教师编制，又没有足够的资金去聘请兼职的专业特殊教育教师，导致资源教师较多源于普通学校教师队伍。因此我国资源教师的工作任务主要还是以学科补救为主。另一种途径是在特殊教育教师队伍中选派几位教师进行短期培训而成为资源教师。这种培养方式下的教师虽然在特殊教育的知识与技能方面胜于普通教育教师，但是在学科补救、教学方法与策略方面不如普通教育教师。在这两种途径下培养的资源教师都不能达到资源教师的任职标准，不利于资源教室的建设与运作。

▶ 第二节
资源教师专业成长的内容

《特殊教育教师专业标准（试行）》将资源教师的专业素养分为专业理念与师德、专业知识和专业能力三个方面。

一、专业理念与师德

树立正确的专业理念与师德是获得专业知识与能力的前提和根本。专业理念与师德主要集中在职业理解与认识、对学生的态度与行为、教育教学的态度与行为以及个人修养与行为方面。在专业理念与师德方面，资源教师能够在工作和生活中严格要求自己，保持较高的道德素养；在面对学生的时候充满信心和耐心，拥有积极的工作态度，对所有普通学生和特殊学生保持公平一致，对特殊学生也保持较高的期待。

（一）职业理解与认识

①贯彻党和国家教育方针政策，遵守教育法律法规。

②理解特殊教育工作的意义，热爱特殊教育事业，具有职业理想和敬业精神。

③认同特殊教育教师职业的专业性、独特性和复杂性，注重自身专业发展。

④具有良好的职业道德修养和人道主义精神，为人师表。

⑤具有良好的团队合作精神，积极开展协作交流。

（二）对学生的态度与行为

①关爱学生，将保护学生生命安全放在首位，重视学生的身心健康发展。

②平等对待每一位学生，尊重学生人格尊严，维护学生合法权益。不歧视、讽刺、挖苦学生，不体罚或变相体罚学生。

③理解残疾是人类多样性的一种表现，尊重个体差异，主动了解和满足学生身心发展的特殊需要。

④引导学生正确认识和对待残疾，自尊自信、自强自立。

⑤对学生始终抱有积极的期望，坚信每一位学生都能成功，积极创造条件，促进学生健康快乐成长。

（三）教育教学的态度与行为

①树立德育为先、育人为本、能力为重的理念，将学生的品德养成、知识学习与能力发展相结合，潜能开发与缺陷补偿相结合，提高学生的综合素质。

②尊重特殊教育规律和学生身心发展特点，为每一位学生提供合适的教育。

③激发并保护学生的好奇心和自信心，引导学生体验学习乐趣，培养学生的动手能力和探究精神。

④重视生活经验在学生成长中的作用，注重教育教学、康复训练与生活实践的

整合。

⑤重视学校与家庭、社区的合作，综合利用各种资源。

⑥尊重和发挥好少先队、共青团组织的教育引导作用。

（四）个人修养与行为

①富有爱心、责任心、耐心、细心和恒心。

②乐观向上、热情开朗、有亲和力。

③具有良好的耐挫力，善于自我调适，保持平和心态。

④勤于学习，积极实践，不断进取。

⑤衣着整洁得体，语言规范健康，举止文明礼貌。

二、专业知识

具备扎实的专业知识是有效实施教学的基础。在专业知识方面，资源教师不仅要熟悉一般的学科知识，而且要具备扎实的特殊教育专业知识；不仅要拥有扎实的理论基础，而且要拥有丰富的教学实践经验；还要从多方面理解和尊重个体的差异性，掌握跨文化、背景和生活环境的专业知识。

（一）学生发展知识

①了解关于学生生存、发展和保护的有关法律法规及政策。

②了解学生身心发展的特殊性与普遍性规律，掌握学生残疾类型、原因、程度、发展水平、发展速度等方面的个体差异及教育的策略和方法。

③了解对学生进行青春期教育的知识和方法。

④掌握针对学生可能出现的各种侵犯与伤害行为、意外事故和危险情况下的危机干预、安全防护与救助的基本知识与方法。

⑤了解学生安置和不同教育阶段衔接的知识，掌握帮助学生顺利过渡的方法。

（二）学科知识

①掌握所教学科知识体系的基本内容、基本思想和方法。

②了解所教学科与其他学科及社会生活的联系。

（三）教育教学知识

①掌握特殊教育教学基本理论，了解康复训练的基本知识与方法。

②掌握特殊教育评估的知识与方法。

③掌握学生品德心理和教学心理的基本原理和方法。

④掌握所教学科的课程标准以及基于标准的教学调整策略与方法。

⑤掌握在学科教学中整合情感态度、社会交往与生活技能的策略与方法。

⑥了解学生语言发展的特点，熟悉促进学生语言发展、沟通交流的策略与方法。

（四）通识性知识

①具有相应的自然科学和人文社会科学知识。

②了解教育事业和残疾人事业发展的基本情况。

③具有相应的艺术欣赏与表现知识。

④具有适应教育内容、教学手段和方法现代化的信息技术知识。

三、专业能力

拥有较强的专业能力是将专业理念和专业知识运用于实践的必要保证。专业能力主要包括环境创设与利用、教育教学设计、组织与实施、激励与评价、沟通与合作、反思与发展的能力。其中强调较多的是两种专业能力：一是合作教学能力。普通教育教师和资源教师恰当的合作教学可以帮助特殊学生更好地融入课堂，适应普通课堂的学习。二是沟通表达能力。资源教师作为纽带，联系着普通教育教师、特殊学生及家长、其他专业人员等，发挥着咨询和指导的作用，要具备较好的沟通表达能力。

（一）环境创设与利用

①创设安全、平等、适宜、全纳的学习环境，支持和促进学生的学习和发展。

②建立良好的师生关系，帮助学生建立良好的同伴关系。

③有效运用班级和课堂教学管理策略，建立班级秩序与规则，创设良好的班级氛围。

④合理利用资源，为学生提供和制作适合的教具、辅具和学习材料，支持学生有效学习。

⑤运用积极行为支持等不同管理策略，妥善预防、干预学生的问题行为。

（二）教育教学设计

①运用合适的评估工具和评估方法，综合评估学生的特殊教育需要。

②根据教育评估结果和课程内容，制订学生个别化教育计划。

③根据课程和学生身心特点，合理地调整教学目标和教学内容，编写个别化教学

活动方案。

④合理设计主题鲜明、丰富多彩的班级、少先队和共青团等群团活动。

(三)组织与实施

①根据学生已有的知识和经验，创设适宜的学习环境和氛围，激发学生学习的兴趣和积极性。

②根据学生的特殊需要，选择合适的教学策略与方法，有效实施教学。

③运用课程统整策略，整合多学科、多领域的知识与技能。

④合理安排每日活动，促进教育教学、康复训练与生活实践紧密结合。

⑤整合应用现代教育技术及辅助技术，支持学生的学习。

⑥协助相关专业人员，对学生进行必要的康复训练。

⑦积极为学生提供必要的生涯规划和职业指导教育，培养学生的职业技能和就业能力。

⑧正确使用普通话和国家推行的盲文、手语进行教学，规范书写钢笔字、粉笔字、毛笔字。

⑨妥善应对突发事件。

(四)激励与评价

①对学生日常表现进行观察与判断，及时发现和赏识每一位学生的点滴进步。

②灵活运用多元评价方法和调整策略，多视角、全过程评价学生的发展情况。

③引导学生进行积极的自我评价。

④利用评价结果，及时调整和改进教育教学工作。

(五)沟通与合作

①运用恰当的沟通策略和辅助技术进行有效沟通，促进学生参与、互动与合作。

②与家长进行有效沟通合作，开展教育咨询、送教上门等服务。

③与同事及其他专业人员合作交流，分享经验和资源，共同发展。

④与普通教育工作者合作，指导、实施随班就读工作。

⑤协助学校与社区建立良好的合作互助关系，促进学生的社区融合。

(六)反思与发展

①主动收集分析特殊教育相关信息，不断进行反思，改进教育教学工作。

②针对特殊教育教学工作中的现实需要与问题，进行教育教学研究，积极开展教学改革。

③结合特殊教育事业发展需要，制定专业发展规划，积极参加专业培训，不断提高自身专业素质。

▶ 第三节
资源教师专业成长的策略

一、个人层面：自我革新与技能升级

（一）发扬挑战精神，发挥主观能动性

融合教育发展的过程培养出了一批随班就读资源教师精锐群体。他们在普通教育与特殊教育之间发挥黏合剂一般的作用，为融合教育的高质量发展做出了巨大的贡献；他们身先士卒去探索资源教师独特的专业成长道路和融合教育师资培养方向。

在融合教育进程中，特殊教育问题不断出现，与普通教育的问题碰撞也持久存在。在这种背景中工作的资源教师面对的挑战和机遇都是前所未有的，挑战精神和将教育责任扛在肩上是资源教师的使命所在。在外界客体不断发展变化的背景下，作为主体的资源教师需要发挥自己的主人翁精神，不断自我革新，不断学习新的专业知识与技能，发展先进的融合教育理念，在融合教育中写出自己的专业成长故事来。

（二）增进学科教学能力，奠定专业发展的重要基石

资源教师在学校中的重要抓手就是教学。资源教师在融合教育环境中进行教学活动，对于语文、数学甚至美术、音乐相关学科要有胜任力，否则也会有区隔感。有了教学能力，甚至获得教学相关奖项可以大大提升资源教师的效能感，帮助资源教师获取专业成长的动力。

（三）提升沟通技巧，积极促进多方合作

资源教师在融合教育环境中需要协调多方需求，如特殊学生问题行为和班主任管理班级之间的矛盾、家长与班主任之间的矛盾、特殊学生专业康复和学业之间的矛盾、特殊学生教育需求与其他任课教师之间的矛盾等。家校沟通中的矛盾本身就是一个值得研究的课题。在特殊学生的身上，复杂程度还需要再增加一层。如何平衡家长和学校之间的需求差异就需要资源教师的沟通技巧，帮助舒缓家校矛盾，统一家长与学校对于特殊学生的教学目标，帮助普通学校教师解决难题，也为之后进一步的共同教学

合作奠定基础。

（四）重视工具中介作用，提升工作效能感

对于资源教师而言，合适工具的使用能够帮助他们解决自己的专业成长问题，在有着多样教学需求的课堂中开展有效教学。资源教师需要学会使用高科技的辅助工具和相关专业器械，如助听器、轮椅工具等。

资源教师对特殊教育专业相关领域有所涉猎，进入融合教育实践场域，面对新时代信息技术和时代浪潮，对于新兴工具的使用需要接受培训，以提高实践效率。与此同时，现今的普通教育、特殊教育中各式各样的教具、教材和教案都处于开源的状态。基于此，资源教师需培养获取教育资源和其他资源的能力，在学校范围内乃至资源教师共同体中发挥不可替代的作用。

二、学校层面：氛围营造与制度保障

（一）给予资源教师相应的关注度，营造普特融合的良好氛围

资源教师在普通学校中主要承担随班就读特殊学生的相关工作，常常会间接承担特殊学生的相关工作，导致普通教育教师和学校领导难以看到资源教师工作的难度与成果。然而，资源教师的工作往往有助于特殊学生的身心发展，长期来看有助于学校融合氛围的形成，具有重要意义。学校应有关注资源教师的重要机制，给予资源教师工作上的保障。事实上，学校领导会因为深度参与特殊教育质量提升计划的检核，而对资源教师给予相应的重视，对于资源教师成长和学校发展都产生了促进作用。因此，在学校中提升对资源教师的关注度有着重要意义，能够帮助营造普特融合的良好氛围，从而加速资源教师的专业发展。

（二）建立资源教师专业培训相关制度

资源教师面对的教学和管理等活动的挑战是持续不断的，并且他们面对的问题都是新的，不具有标准的解决方案。在此基础上，资源教师的专业培训就显得尤为重要。以往的资源教师除了上岗必备的一年师资胜任培训，较少有其他类型的专业培训机会。面对新障碍类型的学生时，他们会有束手无策的情况和评估结果无从判读的情况。所以资源教师专业培训迫在眉睫。只有时常开展专业知识方面的培训才有可能帮助资源教师在实践活动中有足够的知识储备。建立资源教师专业培训相关制度有助于加强师资力量，提升融合教育质量。

三、政府层面：资源倾斜与标准构建

（一）加强融合教育理念宣传

目前社会大众对于融合教育、随班就读相关看法的关键词为"有意义""有爱心"。也有少数人认为随班就读工作就是一件"简单""轻松"的工作。实际上，承担随班就读工作的资源教师为了给特殊学生提供优质、有质量的融合教育，需要付出较多的时间、精力。当全社会能够意识到融合教育是惠及大部分学生的工作，融合教育也具备专业性的时候，资源教师的工作就会受到应有的尊重和对待，也能帮助提升资源教师的效能感和认同感，为他们的专业成长提供长足的动力。

（二）增加资源投入，设立资源教师的专业职称和奖项

资源教师的专业职称制度与其他任课教师的职称制度基本一致，他们从事随班就读工作的人数相比于其他任课教师的人数更少。但是现在部分教师反映融合教育的从业人数相比之前已大大增加，反映出近年来融合教育的稳步推进。对于资源教师而言，他们的职称评定实际上应该与普通教育教师有所不同。在共同评定的规则制度下相比任课教师，资源教师的教学并不占优势。另外，政府教育部门应在制度上增加一些关于特色教育的奖项，以便于资源教师提升自我效能感，更加主动有效地实现专业成长，从而有助于更多人选择资源教师岗位。

（三）构建包括资源教师在内的融合教育教师专业标准

资源教师专业发展困境的出现与我国在政策层面缺少资源教师专业标准有关。我国近些年已陆续为幼儿园教师、小学教师、中学教师以及特殊教育教师建立了专业标准。专业标准是国家对合格教师专业素质的基本要求，是教师开展教育教学活动的基本规范，也是引领教师专业发展的基本准则。目前，我国的教师教育标准体系正在形成，但还都没有对融合教育背景下的师资类型做出具体规定。融合教育教师主要包括三种类型：普通学校承担随班就读教育教学工作的任课教师、普通学校资源教室的资源教师、特殊教育学校或特殊教育资源中心的巡回指导教师。由于缺乏专业标准，包括资源教师在内的融合教育教师队伍发展都没有明确的素质要求、基本规范及基本准则。这是当前资源教师陷入身份认同与角色定位困境的根本原因。破解这一困境，最终需要回到对包括资源教师在内的融合教育教师专业标准的构建上来。建立融合教育教师专业标准，需要清晰地厘定资源教师、巡回指导教师及其他与融合教育相关专业

人员的职责和要求，确立作为融合教育教师的专业理念、专业知识与专业能力。只有通过融合教育教师专业标准的构建，资源教师才能确立合理、合法的专业身份，明确职责要求，摆脱角色定位不清的窘况，获得专业发展的方向。专业标准的出台也会使区域相关行政部门对资源教师的岗位设置与管理更加有的放矢，为普通学校资源教师配备的专职化提供政策依据。同时，依托专业标准的引领和导向作用，围绕资源教师所设定的培训课程以及职前培养方案才能更有针对性，从而为打造高素质的资源教师专业队伍奠定基础。

本章小结 ┅┅▶

我国资源教师专业成长的现状具体表现为资源教师的角色职责较多，资源教师的专业标准尚未统一，资源教师的培养途径单一。资源教师的专业成长内容涉及专业理念、专业知识和专业能力三个方面。资源教师专业成长的策略涉及个人、学校、政府三个层面，应统筹结合使用，共同促进资源教师的专业成长。

思考与练习 ┅┅▶

1. 资源教师专业成长的现状是怎样的？
2. 资源教师专业成长的内容包括哪些方面？
3. 资源教师专业成长的策略有哪些？

第九章 资源教师队伍建设

学习目标

知识目标

1. 了解我国资源教师队伍建设存在的问题。

2. 理解资源教师队伍建设的意义。

3. 掌握我国资源教师队伍建设策略。

能力目标

1. 熟知资源教师所需的职业技能和专业素养。

2. 能掌握资源教师所需的职业技能和专业素养。

情感目标

1. 树立正确的职业道德和职业观念。

2. 关注自我成长，成为社会需要的资源教师。

思维导图

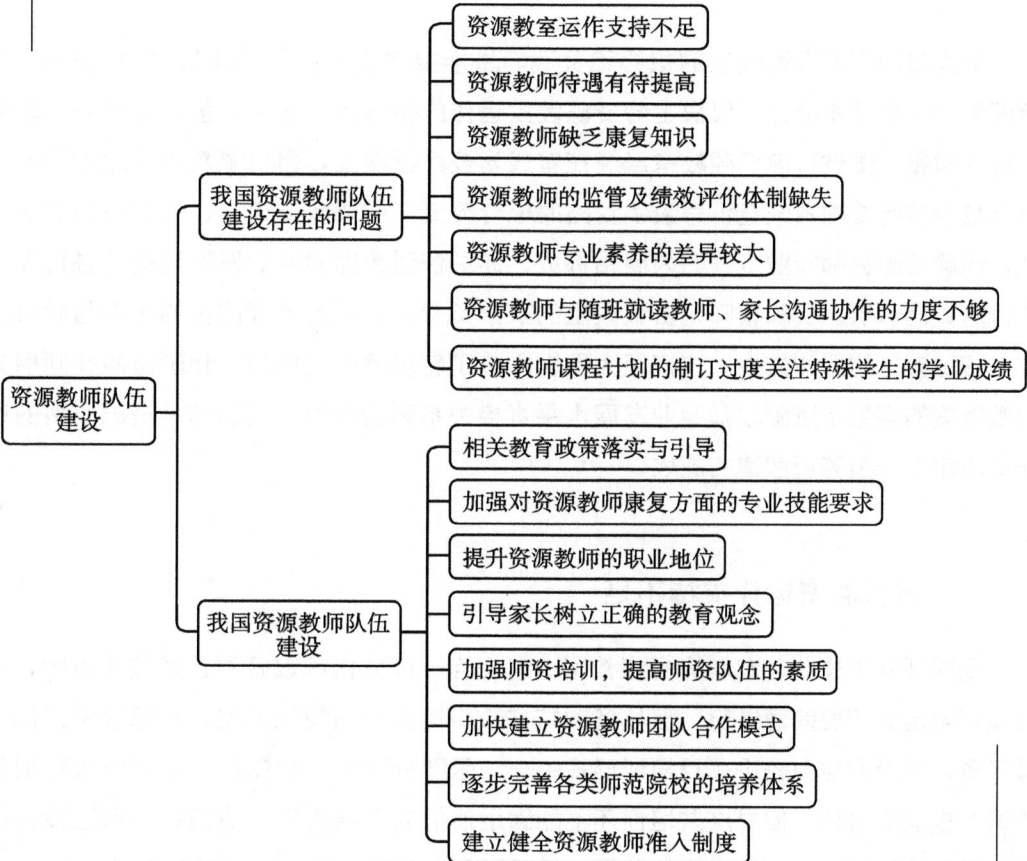

资源教师队伍建设
- 我国资源教师队伍建设存在的问题
  - 资源教室运作支持不足
  - 资源教师待遇有待提高
  - 资源教师缺乏康复知识
  - 资源教师的监管及绩效评价体制缺失
  - 资源教师专业素养的差异较大
  - 资源教师与随班就读教师、家长沟通协作的力度不够
  - 资源教师课程计划的制订过度关注特殊学生的学业成绩
- 我国资源教师队伍建设
  - 相关教育政策落实与引导
  - 加强对资源教师康复方面的专业技能要求
  - 提升资源教师的职业地位
  - 引导家长树立正确的教育观念
  - 加强师资培训，提高师资队伍的素质
  - 加快建立资源教师团队合作模式
  - 逐步完善各类师范院校的培养体系
  - 建立健全资源教师准入制度

▶ 第一节
我国资源教师队伍建设存在的问题

资源教师作为资源教室的核心和灵魂，是连接普通学校与特殊教育学校的桥梁。资源教师的素质和能力不仅决定着资源教室运作的有效性，而且直接决定着融合教育推进的质量。虽然目前资源教室已经在普通学校广泛建立，但资源教师专业素养的缺乏以及相关制度的不健全，导致了我国的融合教育工作或多或少存在无效或低效的问题。明确资源教师专业素养的内涵和构成，促进资源教师的专业发展是提升融合教育质量的关键举措。资源教师是资源教室的直接负责人，资源教师队伍的水平与质量决定了资源教室的运作效果。这在很大程度影响了随班就读的质量。我国资源教师相关政策制度的完善及资源教师专业发展水平直接关系到资源教室的运作，资源教室的运作又决定了我国随班就读的成效。

一、资源教室运作支持不足

我国部分学校缺乏专职的资源教师。有相当一部分资源教师为普通教育教师，虽然具有丰富的普通教育经验，但具备的特殊教育的知识与技能不足，资源教室工作经验不多，所受的培训较少，且培训形式单一。尽管资源教师参加过一些特殊教育相关知识、技能的培训，但是这些培训还不能满足他们的发展需求。他们认为自己没有接受过系统的学习，在理解学生的差异、给予学生有效的教学支持方面仍存在困难。

二、资源教师待遇有待提高

由于普通班级学生人数较多，教师难以照顾到每个学生，特殊学生的随班就读可能会处于随班混读的状态。这就涉及资源教师的人员问题。有些资源教师不仅承担着全校随班就读学生的工作，还要承担所带学科教学、行政业务等多项工作。承担多项事务之后，有些学校往往只给资源教师发放一份任课教师的工资，很多行政业务的劳动报酬无法得到保证。

三、资源教师缺乏康复知识

有些资源教师没有接受过特殊教育的系统康复培训，学校也无法开展有针对性的康复训练。比如，部分学校对于哪些随班就读学生应该接受康复训练，应该接受哪些方面的训练内容等不太明确，导致较少有人知道如何去做，资源教室的康复训练器材成了摆设。

四、资源教师的监管及绩效评价体制缺失

目前来看，资源教室的师资配备存在如下问题：一是有些普通学校不具备有一定特殊教育资历的教师；二是有些普通学校并没有将富有教育教学经验、富有爱心的教师安排到资源教室中。有些资源教师在制订资源教室的运作计划时显得能力不强，计划缺少针对性和操作性，从而使资源教室的运作困难重重。从已经设立资源教室的学校情况来看，资源教师的质量已经成为一个较为明显的问题，其原因就是对资源教师质量的监管不力。

资源教师岗位要求专业性强，工作职责多，工作量大。尤其是部分资源教师由于没有定岗定编，多由任课教师兼职。部分学校也没有对资源教师的绩效进行评价的制度，资源教师的工作很少被认同。有的资源教师也做出了一些成效，却又无法与教育教学相提并论。资源教师工作的不被理解，做出的成绩不被认可影响了资源教师工作的积极性。虽说有些地方教育部门对如何评价资源教师的工作有一些规定，但由于每所学校的情况各不相同，这些规定很难被推广。

五、资源教师专业素养的差异较大

一般来说，从事资源教师工作的时间越长，其专业素养总体较好，主要是因为资源教师的工作拓宽了普通学校教师原有的工作任务、知识基础和人际交往范围。他们需要一定的时间来熟悉新的工作任务和话语体系，学习和了解特殊儿童及其教育教学方法，与更多任课教师、班主任以及区县资源中心巡回指导教师沟通合作，其专业素养的提升并非通过短时间的集中学习和实践即可达成。正如王振洲指出，资源教师所接受的专业培训比较少，质量还不能保证，使资源教师无论是在精力、能力上还是在

特殊教育专业知识与技能上都表现出一种能力不足的问题。① 资源教师缺乏基础教育学科教学的基本技能，不能为学生、其他教师提供相应的服务是当前资源教师发展中的主要问题。

六、资源教师与随班就读教师、家长沟通协作的力度不够

影响资源教室功能的发挥及服务特殊学生质量的因素还包括资源教师与随班就读教师的协作情况。二者的协作情况不佳，没有在诊断、咨询、教学等方面很好合作，甚至各行其是，会影响随班就读教育教学的质量。有研究显示，家长配合度低是阻碍资源教师角色实践的重要因素。② 每一所有着资源教室的学校都注重与家长沟通，每一位资源教师在家校联系方面的工作都做得比较多。同样，大多数家长比较重视对孩子的教育，但还是有少数家长由于孩子的缺陷造成的自卑心理，不愿来校与资源教师交流。

七、资源教师课程计划的制订过度关注特殊学生的学业成绩

目前来看，有些资源教师为特殊学生制订课程计划主要是为了提高特殊学生的学业成绩，很少是真正从特殊学生的需求出发的。把资源教室当成补习班，只是为特殊学生补习文化知识就会违背创设资源教室的初衷。虽然资源教室运作有个别成功的榜样，但如果特殊学生的需求没被真正重视，当然就很少能取得实效，很难达到预想目标。

▶ 第二节
我国资源教师队伍建设

一、相关教育政策落实与引导

首先，要加快颁布资源教师专业标准。专业标准是国家对教师专业素养的基本要

---

① 王振洲：《我国随班就读学校资源教师队伍建设的问题与解决策略》，载《绥化学院学报》，2013(7)。

② 徐美贞、杨希洁：《资源教室在随班就读中的作用》，载《中国特殊教育》，2003(4)。

求，也是教师队伍建设的基本依据。目前国家已经颁布了《特殊教育教师专业标准（试行）》，并对特殊教育师资提出了一定的要求。随着随班就读工作的不断推进，对特殊教育教师的划分逐渐细化，随班就读教师、资源教师和巡回指导教师等各项具体的专业标准的出台刻不容缓。因此，提出具有中国特色的资源教师专业标准，明确资源教师应该具备的专业素养，确立其所需要的专业知识与专业能力，将对规范资源教师队伍建设、提升资源教师队伍质量产生积极作用。在制定政策时，应对资源教师的职责做出系统而明确的规定，还要将职前学习标准、在职培训和职后的专业发展学习进行规划，把资源教师专业素养的培养视为一个持续的动态过程。

其次，要根据当地经济发展和教育发展情况，因地制宜出台相应政策，探索各种激励保障机制，在工作岗位和福利待遇等方面给予资源和经济支持，为资源教师发展扫除障碍，使融合教育得以成功实施。虽然现阶段难以实现为资源教师设编的目标，但可以减轻资源教师的部分工作量，制订专业、系统的培训计划，并在职称评定、绩效工资等方面给予一定的倾斜，逐步提高资源教师的工作积极性以及资源教师队伍的稳定性。

最后，要建立健全自上而下的系统有效的督导体制，保证各项政策落到实处。及时检查区域内的政策落实情况，包括学校融合教育进展情况，学校资源教师队伍的建设、教学及考核，以及学校对于资源教师工作的支持情况等。同时建立自下而上的反馈体系，使融合教育工作中所面临的现实问题得到及时反馈和有效解决。

二、加强对资源教师康复方面的专业技能要求

资源教师需要具备基本的教育教学技能、诊断与评估技能、心理咨询等一定的康复技能。此类教师可以从医学院校引进，也可以对随班就读学校的教师定期开展康复技能的师资培训，如邀请康复领域相关医师、专家、学者进行线上、线下联合培训，使普通教育教师也能具备相应的康复技能和专业知识。

三、提升资源教师的职业地位

资源教师在普通学校需要提供特殊教育服务，由于工作性质和教育对象不同于普通班级教师，其职业认可度较低。长此以往，资源教师对这项工作越来越没有信心，资源教室的运作也就难以持续下去。因此，提升资源教师的职业地位对于资源教室的

运作具有重要意义。首先是倡导社会尊重资源教师，即真正倡导尊师重教的社会风尚，不断改善资源教师的经济待遇、生活条件、工作环境，建立资源教师职业的国家威信。其次是倡导学校尊重资源教师。学校是教师实现人生理想、贡献聪明才智、成就学生未来的地方。学校的管理要真正从人本理念出发，使资源教师感到自己的工作是有价值的。最后是形成资源教师自尊。离开了教师自尊，其他一切都将无从谈起，就无法做到让社会、学校、学生尊重。

四、引导家长树立正确的教育观念

特殊学生的出现在一定程度上为家庭增加了压力，家长的态度决定了家庭教育的质量。首先，引导家长正确认识特殊学生，并对其理解、尊重；其次，帮助家长理性处理亲子关系，既不溺爱，也不嫌弃；最后，指导家长保持家庭教育的良好状态。除此之外，资源教师还可以为心理压力过大的家长提供一定的心理指导，降低家长的心理压力，增强他们对孩子的信心，与他们一起帮助孩子。

五、加强师资培训，提高师资队伍的素质

资源教师是资源教室有效运作的关键人物，承担着评估和计划的制订、资源教学、咨询以及日常管理和行政事务等多方面工作。目前资源教师发展存在专业知识欠缺、时间精力不充足的问题。因此，加强资源教师培养，丰富其专业知识，提高其专业技能已经迫在眉睫。教育部门可以提供更多的资源教师与普通教育教师和特殊教育教师合作教学的机会，从而为随班就读师资和资源教师队伍的专业发展提供了制度上的支持。

六、加快建立资源教师团队合作模式

在专业趋于细化的背景下，资源教师的工作应该是"专而精"而非"多而全"。资源教师是决定资源教室运作成效的关键所在。我们不是仅仅依靠资源教师就能完成资源教室工作的，而是需要学校、社会、家长的协调配合，完善各方面的关系网络，才能最大限度地发挥教育合力。

资源教师团队合作模式可以通过以下三种方式来建立。第一，学校内的团队合作，

即不同类别的师资力量分工合作，形成综合的专业团队。小规模的资源教师团队大体可以包括以下几类人员：当地教育行政部门相关负责人、学校行政人员(副校长及以上级别)、资源教师、随班就读教师、巡回指导教师、专业评估人员、特殊教育教师、教育心理学和康复训练专家等。小规模的资源教师团队合作旨在解决学校内以资源教师为核心的各种融合教育问题，建立以"资源教师＋X"的团队合作模式。团队内成员发挥自己的专业优势，向内管理团队建设、提供专业教学，向外协调相关资源、寻求支持，形成团队合力，避免资源教师在普通学校内作为唯一的融合教育推进者的尴尬境地，逐步把资源教师从学校教学体制的边缘推向融合教育实践改革的中心，并以学校内小团队为中心，逐步渗透、扩展融合教育理念。

第二，建立不同区域、不同学校间的沟通网络。沟通网络可以分为三个层次：其一，融合教育的发展推动特殊教育学校发生变革。封闭隔离的传统模式已经不适合当前改革的需要，应加强同区域内特殊教育学校和普通学校的交流合作，使特殊教育学校发展成为本区域内的特殊教育支持中心，以此建立健全"以随班就读为主体，以特殊教育学校为骨干"的支持保障体系。其二，不同区域相同类型学校的资源教师团队应加强沟通和联系，互相学习，并借鉴对方学校的成功经验，结合当地实际尝试在本校推行，实现不同区域的联动。在本区域内，以本校资源教师团队为中心，以本校的优先发展带动区域内其他学校的发展，从而推动本地区融合教育的落实，实现从区域间的"点对点"出发到区域内的"点带面"发展。其三，在本区域和其他区域加强开展融合教育的幼儿园、小学、初中等不同学校间的沟通合作，形成多层次且系统完善的资源教师专业团队。同时，在特殊学生终身学习、生涯发展的理念指导下，加强沟通交流也有利于资源教师更加了解特殊学生的特点，为特殊学生入校提前做好准备，提高特殊学生对于新环境的适应性，使特殊学生获得的支持服务是系统连贯的而非阶段性的，推动特殊学生的转衔工作，促使他们获得连续性发展。

第三，以更广泛的团队合作为出发点，组建学习共同体。资源教师应根据在实际工作推进过程中遇到的核心问题，与高校专家展开研究。对专业实践和专业知识展开讨论和反思研究，使资源教师团队和高校研究人员从实际教学中发现问题、解决问题。资源教师在此过程中承担的角色既是问题的反馈者、研究者，也是问题解决策略的学习者、传播者，更是实践的优化者。同时，在此问题研究结束时，应该将问题的研究成果和解决策略分享给学校内的资源教师团队，使理论来源于实践并指导实践，真正达到以理论研究优化实践工作的目的。

七、逐步完善各类师范院校的培养体系

融合教育的推进不是某一个人的义务和责任，而是要借助每一位教师的实践来完成的。所以必须以高等教育为切入点，提高师范生的专业素养。2021 年教育部颁布的《特殊教育专业师范生教师职业能力标准（试行）》从师德践行能力、教学实践能力、综合育人能力和自主发展能力四个方面明确了特殊教育专业师范生必备的能力素质要求，同时为师范院校的培养体系建设指明了方向。

师范院校作为培养教师的基地，应引导师范生养成正确、恰当的融合教育专业素养，主要体现在以下三方面。

第一，正确的融合教育态度和信念。融合教育理念推动教育活动发生变革，也促使教师重新认识教育的本质。教育不再是片面追求卓越的活动，而是强调多元、融合、尊重、接纳，强调所有儿童都有接受平等教育的权利。因此，对师范生进行培养时，必须强调其思想态度的转变，要对融合教育持有正确、积极的态度，且将教师信念和态度的培养和转变作为学习知识和发展各项技能的基础。

第二，持续的学习能力。随着终身学习、学习型社会等理念的盛行，具备持续的学习能力是适应 21 世纪教师职业发展的必然选择。社会环境和教育环境是持续发展变化的，教师已有的知识技能和新的教育需求必然会产生矛盾。所以教师必须具备持续的学习能力，以保持自身知识体系的不断更新，满足学习者日益变化的学习需求。

第三，一定的国际视野和本土化能力。当前教师必须具备一定的国际视野，主动学习并借鉴国际上的优秀教学模式和成功经验。借鉴的实质在于本土化。这就要求教师将国际经验与国情、地方实际、学校实际、学生实际相结合，使国际的化为本土的，从而达到真正的融会贯通。

我们需要改革职前培养模式，尝试分层推进，培养具备专业素质的资源教师。首先，设立融合教育专业和随班就读专业，培养具有"特殊教育＋普通教育＋融合教育"知识和技能的专业综合型人才，以适应当前及未来的教育环境和需求。其次，随着融合教育理念的不断落实，未来任何学科背景的教师都需要特殊教育专业知识。因此需要在各类师范专业和学科教学类专业中开设融合教育通识课程，使师范生对特殊儿童有正确的认识。此外，考虑到目前特殊学生融合的主要学段集中在学前和小学阶段，因此学前教育专业和小学教育专业要增设特殊教育必修课程，或者增加特殊教育方向，培养不同学科背景和不同学段师范生的融合教育素养。这种普通教育和特殊教育交叉

课程设置，对升级教师教育课程、打破普特教师分离的培养模式、提高教师融合教育素养具有推动作用。最后，考虑到课堂理论知识和真实教学场所的差异，要改革创新教学方法，开展规范的实践教学。这要求师范院校和特殊教育学校、普通学校、康复机构等紧密联系，将课程教学和实践学习紧密结合，构建以实践为导向的课程体系，加强师范生实践技能的培养，进而提高特殊教育师范生和新手教师的职业胜任力。

八、建立健全资源教师准入制度

教师资格证书制度作为教师教育制度的一个重要方面，既是教师专业门槛准入的基本条件，也是教师队伍管理以及教师专业发展的重要保障。2020年，我国开始在天津、山东、陕西、江西等地区增加特殊教育教师资格证考核，表明特殊教育师资队伍正逐步迈向规范化和专业化。在今后的发展过程中，随着国家各项政策的出台和教师标准的颁布，考核内容和考核形式等方面还需要做出更加具体明确的规定。结合相关教师标准要求，重视师德修养和专业知识技能的考核，明确入职条件，建立健全资源教师准入制度，做到"持证上岗"，将促使资源教师队伍逐步走向专业化，并稳步推动融合教育的高质量发展。

本章小结 .....▶

资源教师的质量对融合教育的发展至关重要。美国的《不让一个孩子掉队法案》从基础教育层面出发，对涉及教师质量的各个方面和各个环节进行了全方位的干预。一是通过对基础教育质量的绩效规范来影响教师教育和教师管理，二是直接通过对"高质量教师"的概念界定，对美国的教师培养、任用和管理进行规范。美国通过制定特殊教育教师专业标准来引领教师专业发展，保证特殊教育工作的专业化水准。同样，对于我国而言，制定资源教师专业标准也是促进我国特殊教育事业进一步发展的保证。目前我国存在资源教师的质量参差不齐，缺乏专业标准对其质量进行规定和保障的现象。在此情况下，需要加快制定资源教师专业标准或管理条例，并在实际工作中加强对资源教师的评估和监管工作，从理论和实践两个方面共同保证资源教师的质量。同时，在日常工作中，资源教师也需要不断提升自己，不仅要加强专业知识的学习，也要在教学中反思，在实践中进步，在实践中成就高质量的自己。

思考与练习·····▶

1. 结合实际情况举例说明我国资源教师队伍建设存在哪些问题？

2. 成为一位资源教师需要具备哪些职业知识和技能？

3. 对于资源教师队伍建设有什么好的建议和策略？

第十章 资源教室相关机构建设实践案例

学习目标

知识目标

1. 了解我国部分区域资源教室相关机构建设的典型做法。

2. 理解资源教室相关机构建设的意义。

3. 熟悉资源教室相关机构的职能。

能力目标

1. 能在资源教室相关机构有针对性地对特殊儿童进行教学与干预。

2. 能在资源教室相关机构为家长和社会提供基本的支持与服务。

情感目标

1. 热爱特殊教育工作，平等接纳资源教室相关机构干预的特殊儿童。

2. 引导全社会了解、关心和支持特殊教育事业发展，倡导扶残助残的社会风气。

思维导图

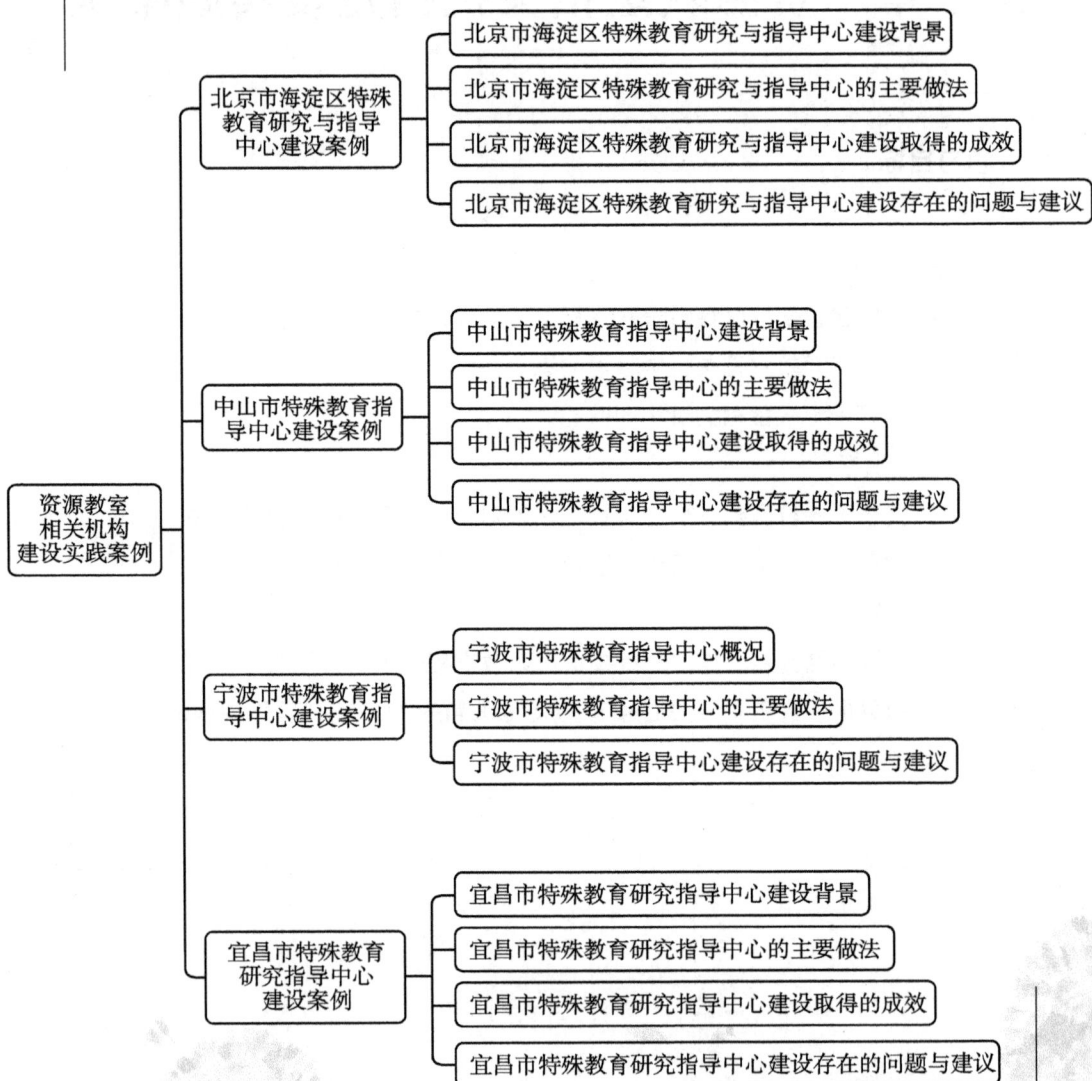

资源教室相关机构建设实践案例
- 北京市海淀区特殊教育研究与指导中心建设案例
  - 北京市海淀区特殊教育研究与指导中心建设背景
  - 北京市海淀区特殊教育研究与指导中心的主要做法
  - 北京市海淀区特殊教育研究与指导中心建设取得的成效
  - 北京市海淀区特殊教育研究与指导中心建设存在的问题与建议
- 中山市特殊教育指导中心建设案例
  - 中山市特殊教育指导中心建设背景
  - 中山市特殊教育指导中心的主要做法
  - 中山市特殊教育指导中心建设取得的成效
  - 中山市特殊教育指导中心建设存在的问题与建议
- 宁波市特殊教育指导中心建设案例
  - 宁波市特殊教育指导中心概况
  - 宁波市特殊教育指导中心的主要做法
  - 宁波市特殊教育指导中心建设存在的问题与建议
- 宜昌市特殊教育研究指导中心建设案例
  - 宜昌市特殊教育研究指导中心建设背景
  - 宜昌市特殊教育研究指导中心的主要做法
  - 宜昌市特殊教育研究指导中心建设取得的成效
  - 宜昌市特殊教育研究指导中心建设存在的问题与建议

▶ 第一节
北京市海淀区特殊教育研究与指导中心建设案例

一、北京市海淀区特殊教育研究与指导中心建设背景

随着特殊教育的发展，越来越多轻中度障碍学生进入普通学校就读，他们在普通班级中面临着干扰课堂、被班级边缘化、缺少同伴、学业跟不上的困难。特殊教育学校负责的主要是校内中重度障碍学生的教育教学工作。面对特殊学生在普通学校面临的困难，需要建立专门机构负责区域普通学校的融合教育工作，特殊教育研究与指导中心作为特殊教育新样态应运而生。2002 年，北京市海淀区特殊教育研究与指导中心（简称海淀区特殊教育研究与指导中心）附设于海淀区培智中心学校。2005 年，海淀区建立第一间资源教室，作为普通学校里专门为特殊学生提供专业支持服务的场所。2010 年，海淀区教育委员会拨付业务经费，海淀区特殊教育研究与指导中心开始有专职巡回指导教师负责区域随班就读工作。哪里有问题，巡回指导教师就去哪里。他们历经 1 年时间走访全区所有学校，清楚掌握海淀区融合教育发展的底子。2011 年，海淀区开展随班就读教师全员培训、随班就读主管领导培训，以及资源教师上岗资格培训，储备特殊教育专业师资。2016 年，海淀区特殊教育研究与指导中心具有独立法人资质，开始负责本区域特殊教育教学、科研、教师培训、资源开发和康复训练的组织统筹，负责对本区域随班就读工作的管理和指导。

二、北京市海淀区特殊教育研究与指导中心的主要做法

（一）加强政策制度保障，做好顶层设计

海淀区特殊教育研究与指导中心在做好政策调研的基础上，推进行政部门出台《海淀区特殊教育提升计划（2019—2022 年）》《义务教育阶段残疾儿童少年入学工作的实施意见》《海淀区关于加强特殊教育需要儿童少年融合教育工作的指导意见（试行）》《海淀区普通学校资源教师和随班就读教师管理办法》《海淀区普通学校随班就读学生生均公用经费使用办法》等系列文件，完善入学联动机制，明确了就近就便、优先保障的原则，为特殊学生开辟"绿色通道"。

（二）健全专业服务体系，拓宽服务范围

海淀区形成了区特教中心、学区资源中心、学校资源教室的三级专业支持体系；在横向上建立孤独症儿童康复基地、融合师资培训基地、教育评估基地和行为指导教师实习基地 4 个专业服务基地。以海淀区特殊教育研究与指导中心为核心纽带，联结教育行政部门、学区管理中心、高等研究院校、医疗康复机构等的社会资源，支持区域融合教育发展。联合学区管理中心开展学区内融合教育工作，建立学区特殊教育资源中心，为学区内有特殊教育需求的学校、教师与学生及时提供相应服务。聘请高等研究院校的专家针对区域融合教育发展进行前瞻性指导，同时邀请专家走进融合教育中小学，开展个案研讨会，在教育现场解决问题。

（三）健全专业指导机制，提升融合质量

组建特殊教育专家委员会，整合教育、心理、医学、康复、社会学等领域的专家资源，发挥"智库"作用，为特殊学生提供筛查评估服务和教育安置建议，科学保障每一位学生的入学、升学、转学、复学、转衔等顺利开展。建立特殊学生评估机制，形成班级筛查、学校评估、专业评估为一体的三级评估机制，着重关注幼升小评估、备案撤销评估、小升初评估、初中毕业时的评估等。指导学校为特殊学生制订个别化教育计划并据此调整课程、教学、评价和支持方式，帮助特殊学生在普通课堂同等接受优质教育。打造海淀区特殊教育课程资源云平台，在普通班级常规课程之外，建立了"5＋P"特殊教育支持性课程体系，并开发丰富的课程资源，为特殊学生提供有针对性的认知、适应、运动、艺术、劳动等课程，为特殊学生成长有效赋能。创办"绘声绘色"家长微信平台，整合社会各界资源，定期组织家长培训、家长沙龙和亲子活动，协助家长解决在家庭养育、学生干预、入学升学等方面的困惑。

（四）创新人才培养机制，提升教师专业素养

海淀区自 2011 年起对融合教育教师进行分类培训，分层提高不同教师的专业技能水平。响应学校发展需求，创新培养行为指导教师和特殊教育助理教师，形成"以巡回指导教师为指导，以资源教师为骨干，以随班就读教师为主体，以行为指导教师和特殊教育助理教师为补充"的融合教育教师团队。创新教师培养模式，开拓学前融合教育种子教师培训，为幼儿园储备融合教育师资；深入开展普通学校班主任融合教育主题培训，不断延展专业培训覆盖面；在新任教师培训中，将特殊教育学科单列；持续开展特殊教育骨干教师培训。探索"理论培训＋教育实习＋考核评估"的资源教师资格认证制度，为通过培训的教师颁发海淀区资源教师资格证，实现资源教师"持证上岗"，

确保每所普通学校至少有一位专职或兼职资源教师。每学年对资源教师进行岗位考核评价，作为新一学年岗位任职的必备条件。

(五)推动科研课题研究，构建研究共同体

以问题为导向，以研究为引领，建立由学区管理中心、普通中小学、幼儿园构成的融合教育研究共同体。承担教育部、北京市以及海淀区教育科学规划重点课题，以课题为驱动，构建融合教育支持保障体系，深入推进个别化教育计划进课堂，不断提升资源教师提供个性化支持的技能，从而提高课程教学质量。将研究与实践紧密结合，推进研究成果在教育教学中的深度应用，高位引领全区融合教育发展。

(六)建立融合宣导机制，促进优质资源共享

发起"百校联动·普特共融"的项目，借助孤独症日、助残日等重要时间节点，连续举办多届孤独症儿童画展，引导全社会关心关注特殊儿童，营造良好的融合教育氛围。引领推动融合教育先进集体建设，形成多项有生命力、影响力和感召力的融合教育成果。

三、北京市海淀区特殊教育研究与指导中心建设取得的成效

(一)促进区域融合师资水平提升

海淀区特殊教育研究与指导中心根据资源教师需求开设各类融合教育相关课程，定期开展培训。接受专题培训后，资源教师在教学实践中仍旧面临许多困惑与难题。海淀区特殊教育研究与指导中心成立了区域融合教育教研组和资源教室教研组，组织校际研讨和外出学习，举行各类教学研讨展示活动，如资源教室训练课、融合教育课堂教学等系列展评活动，给资源教师提供展示提升舞台。此外，海淀区特殊教育研究与指导中心作为研究指导机构还提供各类教科研机会，组建了融合教育课题基地校，带领各校教学领导与教师共同参与融合教育相关课题研究，提升资源教师的科研能力，解决资源教师的教学困扰问题。

(二)指导化解融合实践难题

特殊学生走进普通学校后，校园接纳、课程教学、行为管理、社会交往等都是让普通学校教师感到棘手的问题。在我国普通学校教师缺乏特殊教育经验的情况下，需要巡回指导教师的帮助，以解决融合教育中的各类难题。巡回指导教师针对教育教学中遇到的诸多问题展开交流，指导其他教师进行班级管理、开展小组合作、实施分层

教学、兼顾个别化教学、调整教学材料展现方式、调整教学评价和考试方式等。面向特殊学生主要是提供观察评估、协助制订个别化教育计划、协助学习活动和康复训练等指导。面向家长则是提供教育咨询与家庭心理疏导等指导，帮助家长调整心态、疏导情绪以及提供家庭教育策略。利用巡回指导，及时解决融合教育教学中的疑难问题，保障融合教育有序推进。

（三）协助提升特殊学生的受教育质量

当学校发现有特殊教育需要的学生后，海淀区特殊教育研究与指导中心会下校观察与交流访谈，根据情况建议特殊学生做智力、动作、语言、注意力、社会适应性等相关评估，为日后实施个别化教育计划提供科学依据。如若学校暂无资源教师或资源教师暂时无法胜任，海淀区特殊教育研究与指导中心可以为特殊学生提供有针对性的支持性课程。该课程包括感统训练、动作训练、语言与言语训练、认知训练、注意力训练、情绪调整等方面，旨在提升特殊学生认知、动作、语言、情绪行为与生活适应等方面必备的基础能力。教师与家长都表示特殊学生的基础能力得到了改善，能更加有效地融入普通学校环境。

（四）固化推广研究成果

海淀区特殊教育研究与指导中心发表《特教中心对促进区域融合教育发展的作用研究——以海淀区特教中心为例》等多篇学术论文，出版了《巡回指导的理论与实践》《资源教室建设方案与课程指导》《教学相长：特殊教育需要学生与教师的故事》《融合教育教师团队本土化建设与专业发展》等专著。研究成果获得北京市基础教育教学成果奖以及北京市基础教育课程建设优秀成果奖。海淀区特殊教育研究与指导中心注重研究成果的推广。2017 年，海淀区教育委员会举办了融合教育国际研讨会。这是国内由教育行政部门主办的融合教育国际会议，来自全球多名专家代表参会，海淀区的经验在国际舞台上得以全方位呈现并得到高度认可。受教育部和北京市委托，海淀区特殊教育研究与指导中心先后承接河北、湖北、内蒙古、云南等多地的特殊教育帮扶项目，充分发挥海淀区的辐射引领作用，形成线上与线下相配合、送教与跟岗相补充、培训与实操相结合的特殊教育帮扶新模式，并获得市级嘉奖。

四、北京市海淀区特殊教育研究与指导中心建设存在的问题与建议

未来海淀区特殊教育研究与指导中心将不断完善区域融合教育支持保障体系，增

设学区资源中心，实现学区资源中心全覆盖，持续建设资源教室，并配备专职资源教师，充分发挥学区资源中心与资源教室对于特殊学生的专业支持服务功能。

扩大融合教育服务对象的范围，加大对注意缺陷多动障碍学生、学习障碍学生、超常学生、情绪行为障碍学生的研究与支持，根据不同类型、不同程度学生身心发展的规律，探索针对性融合教育的支持策略。

推进融合教育专业支持服务向两头延伸，大力发展学前融合教育，借鉴义务教育阶段融合发展的成熟经验，研究学前教育阶段的特殊性，因地制宜探索学前融合教育发展的有效路径。强化职业生涯规划指导，针对初中毕业后特殊学生的未来发展加强专业指导，为特殊学生自立自强、顺利融入社会、促进终身发展奠定重要基础。

促进融合教育内涵优质发展，将融合教育与先进的信息技术相结合，探索人工智能在融合教育中的应用，推动融合教育现代化、智能化、优质化发展。深化融合教育课程教学改革，以教研为抓手，遵循通用学习设计的理念，让普通课堂教学更加富有弹性，满足特殊学生差异化的学习需求。同时，在"双减"的教育背景下，将不断健全普通学校特殊学生课后服务保障机制，提高课后服务覆盖面和质量，让特殊学生平等接受优质的课后服务。

（北京市海淀区特殊教育研究与指导中心　王红霞）

▶ 第二节
中山市特殊教育指导中心建设案例

一、中山市特殊教育指导中心建设背景

中山市是伟人故里，博爱、创新、包容、和谐的城市精神为特殊教育的发展提供了丰沃的土壤。1989年开办的中山市特殊教育学校以中山先生"平等、共享、人道、博爱"的精神为办学理念，以"尊重生命尊严，创造生命价值"为校训，以"打造中山特殊教育平台，创建全国一流特教学校"为办学目标，提升办学内涵与育人质量。中山市特殊教育学校2008年起构建了一套较为完善的特殊教育和谐课程体系；2017年以来以落实个别化教育计划为核心，在特殊教育学校义务教育课程标准的指导下，继续在校本课程的建设与实施过程中探索中山经验；办学成果显著，得到社会各界的充分肯定，获得了全国教育系统先进集体、广东省五一劳动奖章等荣誉。在做好育人工作的

同时，中山市特殊教育学校主动承担起推动全市特殊教育工作发展的重任，2007年开始应普通学校的请求，跟进部分随班就读学生的个案；在此基础上，推动中山市教育局于2011年设立了中山市随班就读工作指导中心，从校内聘任了一批优秀教师兼职、义务开展随班就读巡回指导工作，有效推动了中山市义务教育阶段随班就读工作。2013年，中山市全面开展义务教育阶段重度残疾儿童送教上门工作。至此，中山市以随班就读为主体、以特殊教育学校为骨干、以送教上门为补充的特殊教育发展格局逐渐建立起来。2016年，为落实国家、省、市第一期特殊教育提升计划的要求，中山市特殊教育指导中心成立，从组建专职团队和建立规章制度入手，探索中心运作机制，提升中心运作质量，进而有效发挥中心职能，有力地提升了中山市融合教育的工作质量。

二、中山市特殊教育指导中心的主要做法

（一）建立完善内部管理运作机制，为统筹管理指导全市特殊教育工作奠定基础

1. 组建专职团队，奠定有效运作基础

中山市特殊教育指导中心于2017年从中山市特殊教育学校选聘了7位专业背景多元、年轻且具有一定经验的优秀教师专职负责中心日常工作，完善了中心的组织架构及成员职责，保障中心作为一个职能部门持续、高效运转。

2. 构建理念文化，引领高位发展

在博爱、创新、包容、和谐的城市精神和中山市特殊教育学校办学理念、校训的指引下，中山市特殊教育指导中心以多元、融合、共享的理念和主动作为、勇于承担、团结协作的精神，致力于推进中山市融合教育发展，提升中山市特殊教育工作质量。

3. 完善工作制度，保障规范运作

中山市特殊教育指导中心在实践中逐步建立和完善各项制度，如档案管理、服务申请、巡回指导工作管理、教研工作、财务管理等相关制度，通过制度规范各项工作，让中心运作有理念、有程序、有章法。

4. 借助特殊教育学校资源，助力推进融合

中山市特殊教育指导中心依托中山市特殊教育学校的专业师资团队组建巡回指导教师团队，开展教育评估、巡回指导、特殊教育宣导等工作，依靠其专业场室及活动资源，为师生、家长提供教育康复、普特融合、咨询培训等资源和服务。

（二）构建以特殊教育指导中心为主导的融合教育支持体系

1. 加强顶层设计，完善行政支持体系

一是起草各项市级特殊教育规划、制度与文件，如特殊教育联席会议制度、专家委员会制度、特殊学生评估制度等，为中山市教育和体育局的特殊教育规划及决策提供专业支持。二是在中山市教育和体育局各科室的指导和支持下，将特殊教育培训纳入强师工程项目库，开展资源教室的建设、使用专项督导工作，制定各项教研活动方案规划，开展全市特殊教育教研比赛等。

2. 加强师资建设，完善专业团队支持体系

构建巡回指导教师、融合学校资源教师、其他随班就读相关教师的专业团队支持体系，以巡回指导教师和资源教师为双核，点面结合推进融合教育工作。利用巡回指导教师、资源教师的选聘、培训、管理，有效提升其专业能力和业务水平。

3. 加强资源整合，完善资源服务体系

构建市级特殊教育中心资源、镇街融合教育中心校资源、普通学校资源教室资源的三级资源服务支持体系，包括中山市特殊教育指导中心和中山市特殊教育学校的图书、辅具、功能场室等硬资源和课程教学活动、家长咨询服务、学生康复服务等软资源；也包括通过购买服务等方式引入的其他专业资源，如与中山市两家三级甲等医院合作，为特殊学生提供运动障碍康复、医疗评估等服务。

（三）围绕工作职能，有序推进全市融合教育发展

根据中山市特殊教育工作发展的需求、现有的资源等，中山市特殊教育指导中心梳理工作职能，形成了三大职能八个项目二十项工作的具体表述（见表10-1），力求层级清晰、内容全面，以便确定各个时期工作内容的侧重点、合理分配工作资源。

表 10-1　中山市特殊教育指导中心的工作职能

职能	项目	主要内容
管理与指导	中心内部建设	1. 团队建设 2. 制度建设 3. 文化建设（含公众号、网站等）
	全市特殊教育 工作管理	1. 拟订全市特殊教育规划 2. 开展全市特殊教育检查 3. 建立完善全市特殊教育管理体系 4. 指导资源教室建设与使用

续表

职能	项目	主要内容
管理与指导	巡回指导	1. 随班就读巡回指导 2. 送教上门巡回指导 3. 个别化教育计划工作指导
培训与教师	特殊教育教研工作	1. 出版《中山特殊教育》杂志 2. 与市教研室等职能部门合作开展市级特殊教育教研工作
	特殊教育相关培训	1. 拟订并实施市级特殊教育师资培训规划 2. 组织随班就读学生、送教上门家长的培训、交流
服务与资源	特殊学生评估的相关工作	1. 为全市特殊学生提供特殊教育评估服务 2. 组织市特殊教育专家委员会开展相关工作，参与特殊学生的鉴定、安置、转介工作 3. 为有需要的随班就读学生提供幼小、小初转衔服务
	特殊教育宣导	面向普通学校教师和学生、家长、社会公众开展特殊教育宣导
	特殊教育资源体系建设	1. 建设市级特殊教育中心资源、镇街融合教育中心校资源、普通学校资源教室资源的三级资源服务支持体系 2. 整合其他专业机构服务提供给有需要的随班就读、送教上门学生

1. 落实巡回指导，完善对普通学校融合教育工作的指导机制

一是指导普通学校在整体工作规划中推进融合教育工作，建立完善融合工作制度；指导普通学校发掘融合教育理念与校园文化的契合点，以校园宣导为核心，对家长、学生、教师、社会公众等开展不同内容、不同形式的宣导，如同上一节课、融合运动会、班会课宣导、国旗下讲话、海报宣导等形式，力求在所有学生心中播下接纳、包容、支持的种子，营造良好的融合校园文化环境。二是在资源教室的管理与指导下，根据中山市资源教室建设与使用指南开展建设指导、日常指导、专项检查，不断提升资源教室的功能与效用。三是跟进学生个案并开展普通学校学生的个别化教育计划的指导工作，在教育评估的基础上对有需要的随班就读学生提供个案跟进服务。

2. 通过培训、教研和购买服务等方式提升融合教育师资专业水平

一是制定并实施了中山市特殊教育教师"五个一"培养工程，建立分类培训和差异评价的培训模式及市镇两级培训体系,打造了一支普特融合、梯队合理的融合教育教师团队。二是注重教研活动的系列化、主题化和综合化,注重教研活动与师资培训的协同开展,鼓励融合教育教师将培训中学习的知识、技能迁移到教育现场,指导教学实践;通过融合教育课题专项研究,将参与研究的各学校随班就读教师整合成教研组,培养和带动了一批优秀的资源教师和其他随班就读骨干教师的专业发展。

3. 以评估为基础,为特殊学生提供有针对性的教育服务

中山市特殊教育指导中心将评估列为重点工作之一,新建了 4 个评估室、配备了20 多套测验工具,通过组建梯队式特殊教育教师评估队伍,完善评估服务职责、流程、师资培训、工作评价等制度。每年评估 200 多名特殊学生,为参与入学转学评估的特殊学生出具教育安置建议,为教育行政部门的科学安置提供依据,为有需要的特殊学生提供转衔服务;为随班就读学生提供有针对性的教育服务。

4. 以学生个别化支持为目标,在普通学校探索融合教育的推进策略

先是以点带面提升区域内普通学校的随班就读工作质量。中山市特殊教育指导中心于 2017 年与邓猛教授团队合作开展融合教育质量提升课题研究,征集了 18 所普通学校参与课题研究,通过课题指导、专题讲座、课例研讨等方式开展多场全市性的融合教育研讨活动。在此过程中,各学校将融合教育工作纳入工作体系,整合校内外的资源,以学生个别化支持为目标,集中于融合教育的某个领域进行突破,提炼发展特色,探索出了不同的融合教育推进策略,带动了中山市融合教育工作整体的发展;逐渐形成了高校专家引领,特殊教育指导中心区域协调,各学校融合教育优质、特色发展的模式。

三、中山市特殊教育指导中心建设取得的成效

(一)通过优质服务助力特殊学生成长,让普特学生在融合教育中共同获益

小煜是一个轻度孤独症学生,通过中山市特殊教育指导中心的评估及转衔服务,顺利适应了一年级的生活。在中山市特殊教育指导中心的持续跟进下,其问题行为减少,学业进步明显。每年接受中山市特殊教育指导中心评估服务的学生有 200 多名,转衔服务的有 20 多名,个案跟进服务的有 40 多名。2017 年 9 月以来,随班就读、送教上门的运动障碍学生免费享受中山市特殊教育指导中心购买的医疗康复服务。中山市特殊教育指导中心助力这些特殊学生在普通学校享受有质量的服务,越来越多的学

校和家长肯定认可中山市特殊教育指导中心的工作。融合教育的推进也让普通学生在包容、接纳、支持的融合班级、校园环境中成长。2018年、2019年普通学校资源教师团队中的两位班主任以融合教育为特色，分别成功申报了中山市特色班集体称号。

（二）促进随班就读教师专业发展，提升随班就读学校融合教育工作质量

在中山市特殊教育指导中心的引领下，资源教师在各镇街、学校的融合教育中发挥着核心作用，自2019年以来积累了丰富的实践成果、获得多项省市融合教育类奖项。在中山市特殊教育指导中心的指导下，项目合作学校申报的多个融合教育课题获得省、市立项，融合教育成果特色鲜明。比如，火炬开发区香晖园小学从资源教室的心理辅导课程开始，逐渐向普通教室的核心课程过渡，进而通过学校的管理变革，进一步提升学校的融合教育工作质量；港口镇民主小学从校园文化中自然生发出融合教育尊重差异、接纳支持的理念，做有温度的教育，以渐进的方式推动融合，营造了普特学生共同成长的良好氛围；东区竹苑小学从学生行为干预着手，形成以课程和学生个案为主体，以创建融合校园文化氛围和提供保障资源为两翼的一体两翼的融合校园模式。这些融合学校已成为中山市的融合教育窗口学校，承担了教育部的专项检查、广东省资源教师培训班及其他省市随班就读骨干教师培训班的跟岗学习工作，以点带面提升了中山市的随班就读工作质量。在广东省特殊教育内涵建设示范项目评选中，中山市获首批"随班就读示范区""优质特殊教育资源中心建设"项目建设立项，共有多所普通学校获得"随班就读示范学校"项目立项。

（三）提升运作质量，构建融合教育支持体系

自2016年成立以来，中山市特殊教育指导中心从组建专职团队和建立规章制度入手，加强内部建设、探索运作机制，有效提升了运作质量，探索出了适合中山需要、具有中山特色的特殊教育指导中心建设及融合教育发展模式，得到了国内专家、同行的高度认可。关于特殊教育指导中心运作的课题获得2019年度广东省特殊教育研究重点层级专项课题立项并顺利结题，关于特殊教育指导中心运作的多篇论文发表于《现代特殊教育》《教学月刊·小学版》《新课程研究》等期刊并获得省市奖项。2019年，通过北京师范大学教育学部融合教育研究中心、广东省教师教育联盟等单位主办的特殊教育指导中心建设及融合教育学校发展研讨会，中山市特殊教育指导中心向来自全国各地的几百位特殊教育专家及同行分享经验。中山市特殊教育指导中心累计接待了省内外多个单位的学习交流活动，在海南、云南、河南的省级及厦门、珠海、茂名、东莞、河源、江门等市级特殊教育骨干教师培训中承担培训任务。2021年，中山市特殊教育指导中心申报的融合教育相关成果获得中山市第十二届教育科研成果基础教育类特等奖。2022 年由中山市特殊教育指导中心成员撰写的关于特殊教育指导中心建设运作的成果《融合·博爱·共享：中山市特教中心的探索》由重庆大学出版社出版。

四、中山市特殊教育指导中心建设存在的问题与建议

随着我国融合教育工作的推进，中山市特殊教育指导中心作为融合教育资源支持体系中的重要节点，其作用越发受到重视，其运作质量关乎着区域融合教育和特殊教育工作的发展质量。但在实践中，中山市特殊教育指导中心面临着建设运作机制不够完善、人员经费支持保障不足等问题。我们建议从以下三个方面入手进一步支持和保障中山市特殊教育指导中心的高效运作。

（一）加强专业引领和政策支持

加强对中山市特殊教育指导中心运作质量的评价标准、外部支持机制、内部运作机制等方面的研究；结合实践成果，从政策层面加强顶层设计，从职能、定位、运作机制、保障体系等方面入手细化中山市特殊教育指导中心运作的规范文件或建设标准，为中山市特殊教育指导中心的运作提供更细致的规范和指引。

（二）积极争取上级教育行政管理部门给予明确的行政授权和指导

目前我国实行的是特殊教育与普通教育相对独立、双轨制的管理体制，需要通过理顺相关关系、设立专门人员来管理随班就读的相关工作。[1] 这是特殊教育行政管理工作改革的第一条路径，即特殊教育行政管理专职化、部门化。第二条路径则可以考虑赋予中山市特殊教育指导中心以行政管理和指导服务的双重职能并充分授权。[2] 为此，建议教育行政管理部门给予中山市特殊教育指导中心充分的行政授权以发挥其管理与指导职能，同时做好指引工作以提升其行政管理能力。

（三）加强内部的自身建设

一是围绕中山市特殊教育指导中心自身管理（如组织架构和内设部门或负责成员的具体任务、工作规范和流程、运作经费的拨付及使用等、参与各项工作的教师及相关人员的岗位职责和权利、评估考核、工作量核算、奖惩机制等）和教育教研等方面，进

---

①　彭霞光：《保障所有残疾儿童的义务教育权利：〈残疾人教育条例〉解读》，载《中国特殊教育》，2017(6)。

②　林开仪、陈玉梅：《台北市融合教育经验启示》，载《现代特殊教育》，2017(9)。

一步完善工作的制度和运作机制。[①] 二是在成员的专职化的基础上实现专业化。专职化是中山市特殊教育指导中心有效运作的基础，可以考虑在编制总额内为中山市特殊教育指导中心明确专职管理人员和教科研人员，并在此基础上考虑成员专业发展与职称评聘等问题。[②] 三是精准定位、发挥好职能，扮演好活动的组织者、平台的提供者、资源的协调者、专业的引领者和管理者、体系构建的推动者等角色。[③]

（中山市特殊教育指导中心、中山市特殊教育学校　卢超文，

中山市教育教学研究室　林开仪）

▶ 第三节
宁波市特殊教育指导中心建设案例

一、宁波市特殊教育指导中心概况

根据《宁波市特殊教育三年行动计划（2014—2016 年）》的要求，以及关于调整宁波市聋哑学校机构编制等事宜的函的意见，2015 年，宁波市教育局设立了宁波市特殊教育指导中心，将其挂靠在宁波市特殊教育中心学校。宁波市特殊教育指导中心的组成人员有主任、副主任及其他成员。宁波市教育局分管特殊教育的副局长担任主任，宁波市教育局基础教育处处长、宁波市特殊教育中心学校校长、宁波市教育局教研室主任、海曙区特殊教育学校校长等担任副主任，各区（县、市）特殊教育指导中心主任或特殊教育学校校长担任成员。

宁波市特殊教育指导中心具有如下工作职责。

①配合宁波市教育局推进全市特殊教育事业健康发展，对全市特殊教育学校规范化办学进行专业的评估与指导，提升特殊教育质量。

②对宁波市特殊教育中的重大问题进行研究，探索发展途径，搭建国内外、省内外交流与合作平台，为教育行政部门提供特殊教育决策咨询做好服务，促进宁波市特

---

① 冯雅静：《我国县级特殊教育资源中心建设和运作：政策演进、现实困境与对策》，载《中国特殊教育》，2020(7)。

② 邓猛：《全面推进融合教育高质量发展》，载《现代特殊教育》，2019(11)。

③ 林开仪、汤剑文：《发挥特教指导中心功能，推进区域融合教育高质量发展——以广东省中山市特殊教育指导中心为例》，载《现代特殊教育》，2020(3)。

殊教育的创新与发展。

③指导各区（县、市）特殊教育指导中心、特殊教育学校及普通学校随班就读的教育教学、医教结合、送教上门等工作。

④建立由医师、心理咨询师、专业教师组成的特殊教育专家库，引进评估系统，开展特殊儿童的评估与康复训练指导，为特殊儿童的教育与康复提供服务。

⑤研究特殊教育教师专业发展，组织开展特殊教育教学和教研工作。协助做好全市特殊教育教师的培训，加强对特殊教育骨干教师队伍建设的指导与培养。

⑥建立宁波市特殊教育信息管理系统，实现与宁波市卫健、残联等部门数据的对接共享，对全市特殊儿童的档案信息进行有效管理和追踪，为行政决策管理提供基本信息。

⑦建设和维护宁波市特殊教育资源库，开办宁波市特殊教育网，设立服务平台，为学校教师提供丰富的特殊教育教学资源，为相关人员、儿童及家长提供辅导、咨询、远程教育等专业支持。

⑧为宁波市残疾人和社会相关人员提供康复服务和职业技能培训指导。

宁波市特殊教育指导中心在市、区（县）二级教育行政部门、特殊教育指导中心和特殊教育学校之间形成上下联动的工作机制，进一步提高了宁波市特殊教育工作的整体水平。

2015年以来，宁波市特殊教育指导中心从资源支持、教学研讨、课题立项、科学研究、文体活动、巡回指导、师资培训、引领辐射、社会服务等多方面入手，全方位整体推动宁波市特殊教育深入发展。宁波市特殊教育指导中心指导各县（市、区）特殊教育中心进行随班就读、医教结合、送教上门、资源支持等工作；牵头组建了宁波市特殊儿童评估专家委员会，并首次开展宁波市特殊儿童入学评估工作。宁波市特殊教育指导中心成员已赴美国、新西兰、新加坡、日本等国家的高等院校和特殊教育学校进行考察、学习；参与浙江省特殊教育资源库及个别化教育网络平台建设；参与每年的浙江省特殊教育督导工作、宁波市特殊教育质量专项视导评估工作，参与宁波市特殊教育文件的起草工作；定期举办宁波市特殊教育学校特奥会和文艺汇演。此外，宁波市特殊教育指导中心还与高等院校深入合作，与浙江师范大学共同承办浙江省教育厅"百人千场"专家名师送教下乡活动；与华东师范大学合作成立华东师范大学特殊教育学系宁波实验区，已多次举行研讨活动；还与北京师范大学等高等院校建立了紧密的合作关系。宁波市特殊教育指导中心已为宁波市特殊教育搭建了国内外、省内外的交流与合作平台。

二、宁波市特殊教育指导中心的主要做法

宁波市特殊教育指导中心确立了以管理是核心，专业是关键，引领是动力的工作方向，发挥了规划管理、师资建设、评估指导、支持服务、实践研究五项职能，推进了宁波市特殊教育的整体发展。

（一）规划管理

宁波市特殊教育指导中心领导团队认为尽管在硬件上宁波市迈出了一大步，宁波市特殊教育中心学校、余姚市特殊教育中心、宁海县培智学校、宁波市达敏学校校舍已异地新建，部分特殊教育学校也完成了改建或扩建，但学校管理、师资建设、教学质量、康复训练等还有很多不尽如人意之处，软件建设任重而道远。因此，促进宁波市特殊教育可持续发展，整体提升特殊教育质量，既需要宁波市特殊教育学校领导与教师团结一致、努力探索，也需要引进高等院校的优质资源进行科学规划、整体设计。

1. 行政授权

宁波市教育局决定由分管基础教育的副局长兼任宁波市特殊教育指导中心主任。宁波市特殊教育指导中心的核心人员是行政领导与专家组成的团队，充分显示行政授权、智慧集中、各负其责、互相配合的特征。宁波市教育局重视宁波市特殊教育指导中心的领导能力建设，让其举办或承办多次会议或培训。比如，2015年，宁波市特殊教育指导中心承办了听障教育年会暨智慧教育背景下的高效课堂教学研讨会。

2. 中心建设

（1）配备人员

为了便于开展具体业务工作，宁波市特殊教育指导中心设立了办公室，聘请宁波市特殊教育中心学校分管教学副校长兼任办公室主任、宁波市特殊教育中心学校教师兼任成员。

（2）例会制度

宁波市特殊教育指导中心实行工作的例会制度。每1~2个月召开一次由主任、副主任、办公室主任参加的中心主任工作例会。每学期召开2次由副主任、成员、办公室主任参加的日常工作例会。办公室每2周召开一次具体工作协调会。

（3）配置用房

宁波市特殊教育中心学校已逐步将其2号楼改建为宁波市特殊教育指导中心工作

用房，包括办公场所、研究场所、功能教室、会议室和培训教室等；设立了心理辅导中心、听力言语康复中心、资源中心、研究中心、科技中心、孤独症儿童训练中心、视觉康复训练室、多感官训练室、感觉统合训练室、计算机教室、音乐教室、体能训练馆、个别辅导与训练室等。其中，资源中心的文献丰富，可检索全世界最新特殊教育及相关专业资源。

(4)申请经费

宁波市特殊教育指导中心日常经费实行专门预算、专门管理、专款专用。比如，2017年年底，宁波市教育局已核定宁波市特殊教育指导中心2018年度的工作经费。

3. 规划设计

(1)提供行政管理决策咨询

宁波市特殊教育指导中心为宁波市特殊教育发展规划出台提供咨询，为宁波市政府颁布两轮特殊教育提升计划，还为宁波市教育局颁布20项重要文件做好调研、起草工作。比如，2015年，宁波市教育局正式下发《关于开展特殊教育学校标准化建设和评估工作的意见》和《关于印发宁波市特殊儿童少年随班就读资源教室建设与管理实施办法(试行)的通知》。宁波市特殊教育指导中心参与起草《宁波市特殊教育三年行动计划(2014—2016年)》《宁波市第二轮特殊教育提升计划(2017—2020年)》《宁波市第三轮特殊教育提升行动计划(2023—2025年)》。

(2)参与特殊教育调研、评估和管理

宁波市特殊教育指导中心协助相关部门开展特殊教育调研，如协助每年宁波市的特殊教育调研活动。

宁波市特殊教育指导中心与相关部门进行特殊教育评估和督导工作。比如，参与制订《宁波市特殊教育三年行动计划(2014—2016年)》中期督导评估指标体系；协助宁波市政府教育督导室，做好特殊教育三年行动计划中期督导工作；参与每年浙江省特殊教育专项督导；制订宁波市2018年特殊教育质量专项视导评估指标。

宁波市特殊教育指导中心参与筹备相关特殊教育会议。比如，2015年，宁波市特殊教育指导中心协助并参与了宁波市教育局在海曙区召开的随班就读工作会议。宁波市特殊教育指导中心协助宁波市教育局召开了宁波市第二轮特殊教育行动计划动员暨2018年特殊教育工作会议。

4. 重视研究

宁波市特殊教育指导中心已设立8个专业研究室、2个名师(专家)工作室，共有10个研究与指导部门，分别是融合教育研究室、心理辅导研究室、医教结合研究室、课程与教学研究室、体育与艺术研究室、职教与成教研究室、学术指导研究室、手语推广研究室、裴虹孤独症研究办公室、刘佳芬名师网络工作室。宁波市特殊教育指导中心聘请了宁波市各特殊教育学校部分领导、教师作为这些研究室的兼职研究人员，已开始实际运作。

5. 建设平台

宁波市特殊教育指导中心接受浙江省特殊教育指导中心的业务指导，与杭州市特殊教育指导中心等 11 个省内地级市特殊教育指导中心建立信息通报、工作交流、教学研讨机制。根据浙江省特殊教育指导中心的要求，自 2016 年开始，宁波市特殊教育指导中心已指定一名副主任兼任《浙江特殊教育》季刊的责任编辑及文字总校对工作。

另外，宁波市特殊教育指导中心与浙江师范大学杭州幼儿师范学院特殊教育系、杭州师范大学特殊教育系、浙江特殊教育职业学院、浙江省教育学会特殊教育分会等学术机构或团体建立合作关系，选派部分领导和教师参加国培、省培，承担师资培训、专题演讲任务，承办教学研讨活动，参与科研项目推进，参加学术会议等。

宁波市特殊教育指导中心已与国内外多个大学、科研机构、学术团体建立了合作关系。宁波市特殊教育指导中心附设的孤独症研究与训练中心专门聘请了日本筑波大学圆山繁树教授、北京师范大学肖非教授、厦门市心欣幼儿园陈军园长为顾问，聘请了日本筑波大学裴虹博士为主任。

宁波市特殊教育指导中心已有多次赴我国台湾地区特殊教育学校及高等院校参访与交流，选派多名教师赴新加坡、新西兰、美国、澳大利亚、日本、我国香港地区做短期研修或学术访问。

6. 引进智库

除了加强自身建设以及形成合力、积极探索，宁波市特殊教育指导中心在宁波市教育局的大力支持下，决定引进高等院校的优质资源进行科学规划、整体设计，全面推进宁波特殊教育深入发展。考虑到地域便利、交通成本、人员往来等因素，宁波市特殊教育指导中心经过调研，决定与华东师范大学合作，共同进行区域性特殊教育实践与研究。

2018 年，在宁波市第二轮特殊教育行动计划暨 2018 年特殊教育工作会议上，宁波市特殊教育指导中心与华东师范大学签订了合作共建华东师范大学特殊教育学系宁波试验区。这也是华东师范大学特殊教育学系首次在上海之外的地级市签订战略合作协议，旨在整体打造、科学设计，促进宁波特殊教育事业深入发展，为宁波市特殊学生、家长提供优质教育服务。经过半年的初步合作与实践，双方正式研制了三年共建实施方案。该方案从特殊儿童入学评估与安置机制建设、特殊教育教师专业发展行动、特殊教育质量提升与特殊学生成长档案建设、基于特殊教育指导中心的新型特殊教育支持体系研究与建设四大方面进行合作与研究。

2020 年，华中师范大学与宁波市特殊教育指导中心签订合作共建华中师范大学融合教育学院实践基地的协议书。2023 年，华中师范大学在宁波市特殊教育中心学校设立了华中师范大学教育实习示范基地。

（二）师资建设

宁波市特殊教育指导中心在宁波市教育局、宁波市中小学师资培训中心的支持下，承担了宁波市特殊教育教师继续教育的部分职能，组织宁波市特殊教育教师参加各级各类培训。除了选送教师参加国培、省培，宁波市特殊教育指导中心在全国较早尝试进行了分类培训。

宁波市特殊教育指导中心认为必须加强宁波市特殊教育领导队伍建设、特殊教育骨干教师队伍建设、特殊教育一线教师队伍建设，加大培训和培养力度，期望培养出一批专家级的特殊教育教师团队。

1. 特殊教育领导队伍建设

宁波市特殊教育指导中心认为提高各区（县、市）特殊教育管理者的领导力是推进区域性特殊教育发展的重要保障。因此，宁波市特殊教育指导中心规定每个学期召开 1～2 次各区（县、市）特殊教育指导中心主任（特殊教育学校校长）工作会议，宁波市教育局分管特殊教育的副局长及分管副处长到会。宁波市特殊教育指导中心每年至少安排 2 次组团赴省内外考察、学习、研训或参加学术会议的活动。

2. 特殊教育骨干教师队伍建设

特殊教育骨干教师培训具体分为骨干教师专精培训、高级教师提高培训、教师专题培训、教师康复培训等。

骨干教师专精培训、高级教师提高培训已举办过多期。宁波市所有特殊教育学校中层干部及高级教师均已轮训一遍。

教师专题培训如手语推广、行为干预与矫正辅导培训、个别化教育计划培训等也已多次举办。比如，2015 年，首届宁波市中等职业学校教师手语培训班举行了开班典礼。2018 年举办了宁波市随班就读资源教师个别化教育计划专题培训。

教师康复培训如医疗康复培训、孤独症儿童教育干预培训、感统训练专题培训、特奥竞赛规则培训、蒙台梭利教学法培训等也已多次举办。比如，2015年，宁波市特殊教育医疗康复培训班在宁波卫生职业技术学院开班。2018年，宁波市特奥会教练员培训在宁波市特殊教育中心学校举办。

3. 特殊教育一线教师队伍建设

特殊教育一线教师培训具体分为特殊教育学校班主任提高培训、特殊教育新入职教师岗位培训、随班就读教师培训、资源教师上岗培训、聋教育教师通识培训、培智教育教师通识培训、特殊教育教师继续教育培训等。

宁波市特殊教育指导中心已委托陕西师范大学举办宁波市特殊教育学校班主任提高培训。宁波市特殊教育指导中心已委托华东师范大学举办过多期宁波市资源教师上岗培训班。

宁波市特殊教育指导中心自行组织了多次资源教师培训。比如，2016年，宁波市随班就读教师、资源教师培训在鄞州区举办；2017年，宁波市特殊教育教师素质提升培训在余姚市教师进修学校举办。2016年至2019年，宁波市特殊教育指导中心每年分别委托郑州大学、福建师范大学、四川师范大学、厦门市特殊教育资源中心举办宁波市特殊教育教师继续教育培训。

宁波市特殊教育指导中心已组织多人参加省级资源教师基本功大赛，累计获得9个一等奖、18个二等奖、5个三等奖，在浙江省所有地级市中名列首位。

4. 特殊教育教师团队合作

宁波市特殊教育指导中心首先在宁波市特殊教育中心学校设立了教师团队合作试点，打造教师专业发展共同体。目前有心理教育、融合教育、手语研究、言语康复、个别化教育、微课与思维导图、感觉统合训练、孤独症研究、脑瘫、唐氏综合征10个教师发展团队。

从2018年开始，宁波市特殊教育指导中心已与华东师范大学合作，继续探索特殊教育教师分类培训；已制定和实施了特殊教育教师岗位证制度建设方案和特殊教育骨干教师专业化发展行动。

（三）评估指导

1. 评估质量

2018年，宁波市特殊教育指导中心已与华东师范大学合作探索和研究宁波市特殊教育质量监控的评估指标体系。该指标体系包括行政部门管理指标（如制度、经费、人员编制、学校场地），特殊教育学校建设指标（特殊教育机构数据库内容），随班就读学校建设指标(特殊教育机构数据库内容),特殊教育教师评估指标(特殊教育教师数据库内容),学生评估指标,课程与教学质量评估指标等。

2. 指导区域中心

宁波市特殊教育指导中心具有指导各区(县、市)区域中心的职能。宁波市特殊教育指导中心除了定期召集各区(县、市)区域中心主任来开会、培训,还定期选派办公室及研究室领导、成员赴各区(县、市)巡查、指导与交流。2018年,宁波市特殊教育指导中心相关人员赴江北区、海曙区、鄞州区的区域中心检查与调研业务工作。2019年,宁波市特殊教育指导中心已完成7个区域中心的巡回与指导工作。

3. 评估学生

宁波市特殊教育指导中心认为特殊儿童评估、鉴定以及提出辅导、安置建议是一项重要的专业职能,需要成立一个跨专业、跨部门的专家委员会从事这项工作。

2018年,宁波市特殊教育指导中心牵头,协助相关部门成立了宁波市残疾人教育专家委员会,对残疾儿童进行鉴定、评估,并提出辅导和安置的建议。同年,宁波市残疾儿童入学评估会议在宁波市特殊教育中心学校举行,17名来自高等院校、医疗系统、教育系统的专家、学者对88名特殊学生(分为学前、小学、职业高中)进行入学之前的测试、访谈及综合分析,形成了评估报告,并提出了相应的安置方式及个别化教育建议。

2018年,宁波市特殊教育指导中心与华东师范大学合作探索和研究特殊儿童入学评估与安置机制建设,包括特殊儿童现状调研、特殊儿童入学评估与安置方案制定与执行,以及建立对应的长期运作机制等;探索和研究特殊教育监控与督导建设机制,以及建立对应的长期运作机制;探索和研究各种障碍类型学生综合素质评价指标体系和平台建设。

(四)支持服务

宁波市特殊教育指导中心参与建设宁波市特殊教育"一平台、一库、一刊、一报、一网、一号",并及时发布宁波市特殊教育年度报告。

1. 管理体系

"一平台"就是宁波市特殊教育信息管理系统,"一库"就是宁波市特殊教育资源库。宁波市通过宁波智慧教育平台、宁波智慧特殊教育学校平台来实现特殊教育大数据共享(特殊教育学校、班级、学生和教职员工的分布与统计,资源教室排课系统,随班就读辅导体系,学生成长档案,学生评估,个别化教育计划的制订、执行与评鉴等),支持中心(资源中心、研究中心、培训中心、辅具中心、科技中心及各类专业功能教室等)的使用，以及各种特殊教育视频、音频、文字资源的智能化研判与分析等。

2. 服务体系

宁波市特殊教育指导中心已有"一刊、一报、一网、一号"，通过专业信息的传播来引领宁波市特殊教育深入发展，逐步提高宁波市特殊教育质量。

(1)《宁波特教》

宁波市特殊教育指导中心设立《宁波特教》编辑部，每年编辑、印刷 2 期《宁波特教》，每期杂志主要编排 16 篇文稿。

(2)《甬特通讯》

宁波市特殊教育指导中心设立《甬特通讯》编辑部，每年编辑、印刷 2 期《甬特通讯》，每期小报编排 10 项特殊教育信息。

(3)宁波特殊教育网

宁波市特殊教育指导中心在宁波市特殊教育中心学校网站上设立宁波特殊教育网。

(4)"宁波特殊教育"公众号

2017 年，宁波市特殊教育指导中心的公众号"宁波特殊教育"上线。

宁波市特殊教育指导中心还组织了首届宁波市最美特教教师和特殊教育"自立、自信、自强"学生评比活动，多名教师、学生分别获得荣誉称号。

(五)实践研究

宁波市特殊教育指导中心认为科研促发展、教研提质量、艺体显活力，定期组织宁波市特殊教育科研、教研、艺体活动，履行地级市指导中心的主要职能。

1. 科学研究

(1)开展特殊教育课题研究

宁波市教育科学规划领导小组办公室、宁波市教育科学研究所和宁波市特殊教育指导中心联合开展了多次宁波市特殊教育专项课题研究。

比如，2015 年，举行了首届专项课题研究申报活动，对 40 项申报课题中的 20 项专项课题准予立项。

2018 年，举行了第二届专项课题研究申报活动，对 36 项申报课题中的 20 项专项课题准予立项。

2021 年，举行了第三届专项课题研究申报活动，对 40 项申报课题中的 22 项专项课题准予立项。

（2）开展特殊教育优秀论文评比活动

宁波市教育局教研室、宁波市特殊教育指导中心、宁波市教育学会特殊教育分会合作，每两年共同开展一次宁波市特殊教育优秀论文评比活动。比如，2014 年宁波市特殊教育优秀论文评比活动共评选出 20 篇优秀论文。2016 年，宁波市特殊教育指导中心组织全市特殊教育教师、融合教育教师参加宁波市教育局教研室举行的 2016 年宁波市特殊教育优秀论文评比活动，从中选出 20 篇优秀论文并参加浙江省教育厅教研室举行的 2016 年浙江省特殊教育优秀论文评比活动。

2. 教学研究

（1）成立教研大组

2016 年，宁波市特殊教育指导中心成立了宁波市三类残疾学生教研大组。

一是成立培智教育教研大组，包括生活语文组、生活数学组、体育保健组、艺术组、文科综合组、理科综合组、生活适应组、职技组等。

二是成立听障教育教研大组，包括语文教研组、数学教研组、职技教研组、体艺教研组、美术教研组。

三是成立视障教育教研大组，明确了学科教研组的工作职责。

2018 年，宁波市培智教育教研活动在宁海县培智学校举行。浙江省教育厅"百人千场"专家名师送教下乡活动在宁波市特殊教育中心学校举行。

（2）融合支持

宁波市特殊教育指导中心建立了"随班就读＋融合教育"支持体系，完善了资源支持与巡回指导，提供了视障巡回指导、听障融合教学链、特殊教育巡回团队指导等支持。

在普通学校（或学区所在的中心学校）设立资源教室，开展个性化教学支持。比如，江北区特殊教育资源中心为多名随班就读学生提供个别康复训练。宁波市特殊教育指导中心、宁波市特殊教育中心学校在庄桥街道中心幼儿园设立学前资源教室，先后为 3 名轻度听障儿童提供每周 4 节的言语康复个训课。宁波市特殊教育指导中心、宁波市特殊教育中心学校分别在庄桥街道中心幼儿园、甬江职业高级中学设立了听障卫星班，探索听障融合教学链。宁波市特殊教育指导中心协调各区（县、市）特殊教育指导中心全部配备了 2 位兼职巡回指导教师，实行划区包干责任制。宁波市特殊教育指导中心实行分类单独指导和不分类团队指导，针对随班就读的视障、听障学生开展分类单独指导。以 2020 学年为例，宁波市视障巡回指导兼职教师赴全市 35 所普通学校辅导视障学生 66 人次；已组建宁波市特殊教育巡回指导专家团，实行团队巡回指导。目前已基本形成区域融合教育"宁波支持"的实践范式。

3. 艺体活动

(1)特殊教育学校文艺汇演活动

宁波市教育学会特殊教育分会、宁波市特殊教育指导中心每两年举行宁波市特殊教育学校文艺汇演活动，举行地点都在宁波大剧院。

(2)培智学校特奥会

宁波市特殊教育指导中心每两年举行宁波市智障学生特奥会，举行地点都在宁波市特殊教育中心学校。

今后，每两年分别举行一次文艺汇演活动和特奥会，做到每年都有全市大型残疾学生文体活动。

三、宁波市特殊教育指导中心建设存在的问题与建议

(一)存在的问题

1. 人员不足

宁波市特殊教育指导中心充分发挥了行政授权、参与管理、提供咨询、规划设计、师资培训、评估指导、支持服务、引领辐射、科学研究、教学研究、辅具共享等职能。但是因为宁波市特殊教育指导中心与宁波市特殊教育中心学校人员共用、场地共用、设施共用，目前日常工作人员艰难地承担着日趋复杂的各类业务工作。

2. 偏向行政

因为人员不足，经验不够，目前宁波市特殊教育指导中心也有偏向行政机构化的趋势。仅仅是日常的报表、计划、统计以及各种文案已让人应接不暇，专业指导与辐射显然力不从心。

3. 协同欠缺

宁波市特殊教育指导中心的工作定位主要是协调和带动整个区域特殊教育发展，尤其是推动融合教育深入实践。它对外协同政府其他部门合作支持特殊教育各项事业，对内运用学校各项资源合力承办各项活动。宁波市特殊教育指导中心人员要有强大的行政协调能力以及特殊教育实践与研究能力。显然，宁波市特殊教育指导中心还是有欠缺的。

（二）实施建议

宁波市特殊教育指导中心要更好地继续发挥管理、指导、研究与辐射的基本职能，需要做好如下工作。

1.师资队伍的管理与建设

越来越多的年轻教师加入特殊教育队伍，他们的优势是学历高、年纪轻、接受新事物快，但是缺乏经验，缺乏专注力，缺乏团队合作精神。如何调动老、中、青教师的工作积极性，让师资队伍更有活力、更专业？为此，宁波市特殊教育指导中心必须重视对宁波市特殊教育师资队伍的整体管理与建设，让他们的工作积极性更高，将教学与科研相结合，将学科与专业相结合，将理论与实践相结合，勇于探索，逐步成为专家型教师。另外，如何加强特殊教育高级教师的聘后管理，如何引进特殊教育高级人才（如省特级教师、正高级教师或具有博士学位的教师、境外特殊教育专家），如何培养特殊教育教师的一专多能，如何加强市、区二级特殊教育指导中心建设，包括配备专职巡回辅导教师、专职科研人员，甚至建立指导中心独立法人及独立运作制度等都是值得深入思考和探索的问题。

2.跨部门、跨领域的专业合作

特殊教育事业需要得到全社会的关注与支持。跨部门、跨领域的专业合作也是必然的，深入推进宁波特殊教育发展需要得到编制管理机构、教育、残联、民政、卫健、财政、人力资源和社会保障、发展和改革、共青团等政府部门和团体的配合，实现全力支持、全部合作。如何建立全方位的医教结合、康教结合的长效体制，如何实现特殊教育任课教师、康复教师、相关专业技术人员的合作，如何更有效地运用国内外特殊教育专家资源也是值得探索的问题。

3.特殊教育质量的提升与评价

特殊教育是一项成本高、效益慢的教育，提升宁波特殊教育质量的突破口在哪里？如何监测、评估和改进日常课堂教学效益，如何评价特殊教育的办学效益，如何运用大数据技术建立宁波特殊教育质量评估网络平台，如何实现教育、康复、训练的有机结合，如何实现有限的人力与无限的需求投入的科学匹配，是值得思考的问题。另外，在日常教育教学中开展课题研究、教学研究，有效使用功能教室，在日常教学中运用辅助技术，挖掘特殊学生的潜能，实现班级集体授课与个别化教育的有机结合，促进国家课程标准的落实与校本课程的开发等，也都是值得思考与实践的。

2023年，以国家、省市的"十四五"特殊教育发展提升行动计划为指南，宁波市特殊教育指导中心聚焦四大工程，旨在办好人民满意的特殊教育。

一是健全"全生命周期"的特殊教育服务体系。尽快建立从幼儿园到高中全学段衔接的15年一贯制特殊教育学校；筹建宁波市特殊儿童青少年发展指导平台；形成从幼儿到成人"全生命周期"的特殊教育服务体系。

二是建设具有本土特色的融合教育示范区。做大建强各级特殊教育指导中心，打造一个具有本土特色的融合教育高质量发展样板，加强甬舟一体化建设以及对新疆、贵州、四川等地区的帮扶。

三是打造以就业导向的中职专业建设群。坚持以就业为导向，优化特殊教育领域中职教育的专业设置、人才培养方案以及课程资源，进一步加大对特殊教育"中高职一体化"的探索力度，加强特殊学生职前职后培训服务工作。

四是培育"复合型"的特殊教育教师队伍。加强医教、康教结合，通过研训、比赛、交流等载体，要求教师除具备学科业务能力外，还应精通评估、康复、制订和实施个别化教育方案等的专业技能，真正做到"一技多能"。

（宁波市特殊教育指导中心、宁波市特殊教育中心学校　袁东）

▶ 第四节
宜昌市特殊教育研究指导中心建设案例

一、宜昌市特殊教育研究指导中心建设背景

为满足全市特殊儿童的教育需要，宜昌市成立了市县两级特殊教育研究指导（资源）中心和随班就读指导中心，依托当地的特殊教育学校，构建了残疾儿童少年"发现、报告、诊断、评估、初期安置、随访、实施教育"等完整的特殊教育服务体系。全市基本形成了以特殊教育学校为骨干、以普通学校随班就读为主体的办学格局。

宜昌市特殊教育研究指导中心于2001年成立，挂牌于宜昌市特殊教育学校，经过多年的运作已经探索提炼出一套运作模式，对各地特殊教育指导中心的建立均具有参考价值。宜昌市特殊教育研究指导中心在全市特殊教育发展和融合教育推进过程中扮演着重要的行政管理和支持服务的角色，发挥着无可替代的专业指导作用。宜昌市特殊教育研究中心多年来加强内部建设，探索运作机制，摸索融合教育方式，有力地推动了宜昌市融合教育的高质量发展，书写了"为特殊儿童提供适合的教育"的新篇章。

宜昌市特殊教育研究指导中心自建设以来立足于为宜昌市有特殊教育需要的人士服务的宗旨，以功能补偿、潜能开发、资源共享、优质服务为目标，坚持学用结合、以点带面、专家引领、共同提升的工作思路，发挥着培训、指导、研究、咨询、服务等多重功能，受到上级领导、特殊教育学校、随班就读学校、残障人士及家庭的充分肯定，开展了多项课题研究。

二、宜昌市特殊教育研究指导中心的主要做法

（一）提供决策咨询，参与制定政策

宜昌市特殊教育研究指导中心成立以来一直是上级教育主管部门的"智囊团"成员，专门协助上级部门研制全市特殊教育发展规划及各项特殊教育相关政策文件，组织开展对全市各特殊教育学校的行政管理、教学研究、师资培训、巡回指导等工作；组织实施针对全市特殊儿童的教育诊断和评估，合理安置特殊儿童的入学。以宜昌市特殊教育研究指导中心为主导，辐射构建全市特殊教育发展支持服务体系（市、县、乡）的三级指导模式，满足全市不同学校、不同类别特殊学生的专业支持服务需求，实现全市特殊教育质量的整体提升，为融合教育的高质量发展奠定基础。近年来，宜昌市特殊教育研究指导中心为宜昌市教育局颁布的20多项有关特殊教育的重要文件做好调研和起草工作，如印发《宜昌市特殊儿童少年随班就读资源教室建设与管理实施办法（试行）》《宜昌市特殊教育一期提升计划（2014—2016年）》《宜昌市第二期特殊教育提升计划（2018—2020年）》等文件。

（二）建立规章制度，确保规范运作

为保质保量地发挥宜昌市特殊教育研究指导中心的职能，促使中心规范、有序运作，我们制定了宜昌市特殊教育研究指导中心管理制度、宜昌市特殊教育研究指导中心岗位职责规定和宜昌市特殊教育研究指导中心教师培养实施方案，完善了教师培训制度、特殊儿童评估制度、备课制度、考核制度、学生个体档案管理制度、家长培训制度等，以规范中心的管理、教学、指导行为，让中心成为教师成长的摇篮、科研兴教的引擎、资源辐射的平台、特殊家庭的港湾。2016年由宜昌市特殊教育研究指导中心牵头，协助相关部门成立了宜昌市残疾人教育专家委员会。宜昌全市残疾人教育专家委员共有9个，分布在各县市区，由高校、医疗、教育、残联等人员构成。宜昌市残疾人教育专家委员会主要对残疾儿童少年进行鉴定、评估，并提出康复训练和安置

建议。2016 年以来，宜昌市特殊教育研究指导中心每年对区域小学段特殊学生进行入学前评估，主要针对其听觉、视觉、言语、语言、认知、运动、情绪行为、注意缺陷、人际交往等能力进行综合分析，形成评估报告，并提出相应的安置方式及个别化教育建议。在宜昌市特殊教育研究指导中心主导下开展此项工作，其专业性、权威性得到了普通学校及家长的充分肯定和认可。宜昌市特殊教育研究指导中心各项工作的落实已成为宜昌市融合教育发展的一大亮点，有效推进了融合教育工作。

（三）聚焦学生所需，培养医教能手

为打造专业化的师资队伍，满足特殊学生的康复训练需求，宜昌市特殊教育研究指导中心聚焦特殊学生所需，培养医教能手。特殊学生的发展水平是教师对特殊学生实施教育的起点。康复是改善特殊学生生命质量的有效举措。如何对特殊学生实施康复？宜昌市特殊教育研究指导中心认为"医教结合"的教育康复模式是特殊教育发展的必经之路。此处的"医"是指利用康复医学的手段消除和减轻特殊学生的功能障碍，弥补和重建特殊学生缺失的功能，设法改善和提高特殊学生各方面的功能。"教"是指根据特殊学生身心发展的特点，通过教育、医疗和康复训练的综合方法，在学校、家庭和社会共同参与下所进行的补偿与补救性教育。宜昌市的一些特殊教育教师不具备基本的医学知识，更无法对特殊学生实施"医教结合"。为改变这一现状，近年来，宜昌市特殊教育研究指导中心加强了自身培养的力度，加强了与国内、国际高水平特殊教育院校和科研机构合作，利用高校研修、学校互助、网络自学、名师引领等方式，全面铺开康复教师培养之路。

（四）突出课题引领，进行课程改革

将"医教结合"的教育康复理念融入学科教学，将康复训练有机融入全学段、全类别特殊学生集体课、小组课与家庭指导，全覆盖提升育人质量。"医教结合"的教育康复是特殊教育发展的一大趋势。当前，已有学者和教育机构就此开展探讨。有研究者从课程理念、课程结构、课程设置、实施原则等方面探讨了我国特殊教育学校课程框架的构建。他们认为特殊教育学校的课程结构应包括康复训练类课程、文化基础类课程和劳动技能类课程三个板块。也就是说，"医教结合"将逐渐成为特殊教育学校基本的课程理念。在这个课程框架中，康复训练类课程主要包括认知康复、言语康复、语言康复、情绪康复、运动康复等课程。其中"康复"不仅指医学康复，还指综合康复，是综合协调地运用各种措施，以减少特殊学生的躯体、心理、社会的功能障碍，发挥特殊学生的最高潜能，使其能重返社会，提高生存质量。宜昌市特殊教育研究指导中

心确立"医教结合背景下的'1＋X＋Y'模式在特殊教育学校的实践研究"，通过在"医教结合"的教育康复模式的支持下，以言语、语言、认知等的康复为切入点，探索出适合特殊学生发展需要的融学科教学与康复训练于一体的教育康复新模式，让特殊学生在"医教结合"新课程体系下，在集体教学、个别教学、家庭支持的康复活动课程中进行教育与康复，逐步建立学校教学、社会实践、医学康复的有效连接点，更好地培养特殊学生的社会生活适应能力，为特殊学生立足社会、独立生活提供更多的可能性。其中，集体课堂教学主要包括体现"医教结合"的教育康复理念的集体教学课程设置、教学目标、教学活动、教学内容、教学形式等内容；个别化教学主要包括针对特殊学生的一对一康复训练课程和以核心障碍为主导的个别化教学目标、教学内容及教学形式等内容；家庭康复训练主要包括合作目标、合作形式（康复云平台＋微课信息平台）等内容。通过研究，我们建立适合特殊学生发展需要的"医教结合""医为教用"的课程体系、教学形式，创编了适合特殊学生发展需要的校本课程，以满足特殊学生所需。

（五）围绕康复目标，开展多项研究

为助力特殊学生康复训练研究，宜昌市特殊教育研究指导中心围绕宜昌市特殊教育发展规划，以"医教结合"的教育康复为目标，以杜红名师工作室为载体，围绕特殊学生的需求定期开展特殊教育理论研究与实践研讨，以引领特殊教育转型为目标，打破特殊教育教学手段的普教化模式，构建更适合特殊学生的医教结合理念融入学科教学模式，全面推进医教结合理念、差异教学和个别化教学、课程教材、教育教学、筛查评估、质量评价等方面的研究；加强市级特殊教育专家队伍建设，聘请高校特殊教育专家组建高层次专家咨询委员会，开展协同创新研究；开发特殊教育数据库、专家资源库、评估资源库、课程资源库等；重点针对"医教结合"的教育康复七大领域的康复教育教学实践、康复师资培养进行专题研究。当前，宜昌市特殊教育研究指导中心已逐步发展为集教育教学、教育康复、人才培养、科创研发和国际、国内交流等功能于一体的高水平、现代化的市级特殊教育资源指导中心。

（六）加强巡回指导，发挥各项职能

宜昌市特殊教育研究指导中心致力于建设以特教中心为枢纽的特殊教育管理与支持服务框架。在这一框架下，宜昌市特殊教育研究指导中心整合资源，形成了全市特殊教育的支持服务体系。一是构建行政支持体系，在教育部门领导下推进特殊教育工作；二是组建专业支持体系，以巡回指导教师、康复教师为骨干，推进特殊教育工作；三是整合资源服务支持体系，统筹规划全市的特殊教育资源（整合特殊教育学校、随班就读学校、特殊教育骨干教师、普通学校资源教师、社区、医院、县区特殊教育资源中心、普通学校资源教室等),提供教研、教师培养、家长咨询、康复训练、巡回指导、普特融合发展规划等全方位的专业支持。2016年以来,宜昌市特殊教育研究指导中心积极参与特殊教育评估和督导工作。每年9—10月为巡回指导月,宜昌市特殊教育研究指导中心对全市8所特殊教育学校开展特殊教育专项督导、送教下乡、教学交流研讨等工作,为全市特殊教育发展保驾护航。每年11—12月开展对各县(市、区)普通学校随班就读巡回指导工作,重点指导资源教室建设、课堂教学策略、康复训练方法、个别教育计划制订等工作。每周为部分特殊学生、家庭提供个案跟踪指导服务。

1. 建立特殊学生档案

宜昌市特殊教育研究指导中心制作了全市特殊学生随班就读档案管理手册,主要包括个人和家庭情况、残疾鉴定、教育安置申请表、个别化教育计划、个案活动记录、班集体教学情况、康复训练情况、家校联系情况、考试作业、综合素质评价等资料。

2. 完善巡回指导工作

巡回指导工作包括了解普通学校开展随班就读工作的基本情况;为随班就读学生的确定、安置、教育资源的配置与利用等工作提供咨询服务;配合普通学校教师分析随班就读学生的发展情况;参与制订个别化教育方案及开展对随班就读学生的评估;与随班就读教师共同研究并解决教育教学、康复训练中的困难与问题。巡回指导教师在各校指导时间每周每次不少于60分钟,并完成相应的巡回指导记录。宜昌市特殊教育研究指导中心组建市县区级巡回指导团队(分为听觉、言语、语言、运动、认知、情绪行为等板块),以满足不同类别特殊学生的个性化需要。

(七)坚持资源共享,推进实践研究

在宜昌市教育局的大力支持下,宜昌市特殊教育研究指导中心积极引入高等院校优质资源进行科学规划、整体建设,全面推进宜昌市特殊教育深入发展;坚持每年制定特殊教育教师培训培养方案。教师培养方案主要围绕特殊教育质量提升、特殊教育教师专业发展、特殊学生入学评估与安置、特殊教育学校支持体系的建立、特殊教育教师信息技术提升、特殊学生康复与训练、融合教育背景下特殊教育教师的专业化发展等内容设计。除每年12月定期举办的全市特殊教育教师专业培训外,还不定期邀请中国聋儿康复研究中心、华中师范大学、北京联合大学、北京师范大学、华东师范大学的学者,以及北京、上海、广州等特殊教育发达地区的专家,传递特殊教育前沿的信息，讲解特殊教育的最新理论。近年来，宜昌市特殊教育研究指导中心组织全市近300位特殊教育教师到北京师范大学、华东师范大学进行特殊教育通识知识轮训，从理论到实践进一步夯实了全市特殊教育教师的专业理论素养。针对特殊儿童康复训练专题培训，华东师范大学的教授围绕特殊学生七大障碍的康复训练内容进行理论解析与实践操作指导，共培养出高级康复师5名、中级康复师30名、初级康复师50名；分批组织全市教师到北京市海淀区培智中心学校、广州市盲人学校等特殊教育名校实地参观学习。宜昌市特殊教育研究指导中心本着资源共享的原则，以全市特殊教育教师专业理论提升为目的，为全市特殊教育学校改革发展提供引领和专业保障，有效提升了全市特殊教育学校的办学水平。

（八）配足现代设备，提供训练保障

为提供全市特殊学生评估鉴定训练场所，2016年以来，我们加强中心建设与设施设备投入，建成建筑面积1500多平方米的独立康复楼。楼内除拥有基本的办公区、接待区、诊断咨询区、教学资源区外，还拥有现代化的康复云平台支持系统和30多间专业康复教室，其中言语语言训练室6间、认知训练室5间、情绪与行为干预室1间、感觉统合训练室4间、作业治疗室3间、动作训练室1间。宜昌市特殊教育研究指导中心的智慧康复云平台，可以实现规范化的在线评估、在线康复、在线教学。教师利用"云讲台"进行云备课，实现了课件、云设备、云课件三位一体，达到康复教学资源多点共享。其中，言语语言训练室配备听力检测仪、实时言语测量仪、构音测量与训练仪、言语矫治仪、早期语言评估与干预仪，运用这一系列的仪器能有效地对特殊学生进行言语呼吸、发声、共鸣、构音、语音以及鼻音功能的实时测量与训练。认知训练室配备认知能力测量与训练仪，对特殊学生进行空间次序、动作序列、目标辨认、图形推理、逻辑类比五项即时性与同时性信息加工能力进行测试与训练。情绪与行为干预室配备体感音乐治疗仪、自动化应用型音乐放松系统、孤独症与多动障碍干预仪、可视音乐治疗仪，通过音乐、灯光、图像、动画等多重刺激方式诱导出期望的脑电波状态，以达到对情绪与行为干预的目的。感觉统合训练室除常规的滑板、笼球、阳光隧道等训练设备外，还配有多媒体感觉统合设备，让特殊学生可以在多感官的互动游戏中改善其运动神经、身体平衡等功能。除宜昌市特殊教育研究指导中心建立康复教室以外，全市相应随班就读学校也相继建立资源教室。目前宜昌市资源教室数量已达80多间，能基本满足全市特殊学生的学习训练所需。

（九）给予家庭支持，惠及儿童

家庭是特殊儿童成长的摇篮，家长是特殊儿童的第一任教师，也是特殊儿童一生的教师。家长的心理、心态、能力、技能将直接影响特殊儿童生存的质量。宜昌市特殊教育研究指导中心面向全市特殊儿童的家庭，提供咨询、鉴定、教育等多方面的支持，发挥家庭教育的强大力量，为特殊儿童营造成长的环境。为进一步发挥学校、家庭、社会三位一体的综合教育力量，宜昌市特殊教育研究指导中心加强家长培训力度，拓宽家长培训渠道，借助同步式培训模式，通过集中培训、个别培训和信息网络培训三种形式，以学期初专题讲座、每月家长培训班、每月家长沙龙、每周亲子同训、每日当面交流等途径面向有需求的家长提供理论、知识、技能的培训与指导，使家长具备正确、积极的特殊教育态度和科学、丰富的康复知识以及有效、娴熟的康复技能，从而实现家庭教育和学校教育同步。

1. 提供早期干预服务

早期干预是宜昌市特殊教育研究指导中心为学龄前特殊儿童及其家庭提供的一项重要服务，是针对学龄前 3～6 岁有发展缺陷或有发展缺陷可能的儿童及其家庭提供的教育、保健、医疗、营养、心理咨询、社会服务及家长育儿指导等综合性服务。当特殊儿童来到中心后，中心会安排专业的特殊教育教师对特殊儿童七大领域进行综合筛查，以梳理出特殊儿童目前存在的主要障碍并进行专项评估，总结出评估结果以确认特殊儿童的障碍程度，并从生活自理能力、运动领域、听觉能力、语言能力、认知能力等七大方面给出家庭干预与训练的指导性建议。

2. 提供疗效监控服务

疗效监控也是宜昌市特殊教育研究指导中心给随班就读特殊儿童及其家庭提供的一项重要服务。因普通学校对随班就读教育质量持怀疑、观望态度，故随班就读学校教师工作的积极性不高。疗效监控就是通过对特殊儿童教育、干预、训练前后评估结果的对比，直观地反馈训练效果数据，既反映普通教育教学情况、特殊儿童的受训情况，又检测出家庭教育的支持度。普通学校和家长可以根据监测数据反思自己的教育行为，改变自己的教育方法，以积极的态度参与到随班就读家庭教育工作中。

3. 提供个案跟踪指导服务

近年来，宜昌市特殊教育研究指导中心共评估随班就读特殊儿童 500 余人次，为 50 多名中重度残疾儿童提供个案跟踪指导服务。在日常的巡回指导工作中，指导普通学校和家长通过调整座位、伙伴互助、陪读家长、资源教师、补救教学等方式给予个案支持。若效果不明显，则宜昌市特殊教育研究指导中心接案，提供个案再跟踪服务。

4.提供就业指导服务

就业指导是宜昌市特殊教育研究指导中心给完成义务教育阶段学习的特殊青少年及其家庭提供的一项重要服务。宜昌市特殊教育研究指导中心主要为特殊青少年提供就业信息、就业指导，做好就业前的转衔准备，跟踪就业后的动态等。

（十）立足特殊教育规律，培养资源教师

宜昌市特殊教育研究指导中心提出康复理念融入学科教学的理念，强调以学科课堂教学为主阵地，将言语矫治、语言教育、认知能力三大板块有机结合在课堂教学活动中；指导各特殊教育学校形成"集体教学＋康复训练＋家庭辅导"的课程设置模式，有效提高全市特殊教育学校的教育教学质量。宜昌市特殊教育研究指导中心还指导各随班就读学校配备一位具有爱心、乐意为特殊儿童服务、具备一定心理学知识的教师兼任资源教师。宜昌市特殊教育研究指导中心通过集中培训、发放书籍、名师工作室网络培训等多种形式对资源教师、特殊儿童所在班级任课教师进行了个别化教育计划的制订与实施、言语康复等相关理论知识的培训，使资源教师从理论上感知到特殊儿童交流不畅的根源所在。宜昌市特殊教育研究指导中心还指导普通教育教师为特殊儿童制订个别化教育计划，同时普及特殊教育法律法规知识，为普通教育教师提供特殊教育专业技能的培训和咨询，提高普通教育教师和家长参与的积极性；同时派出巡回指导教师与资源教师一一结对，在为特殊儿童做筛查、评估、制订个别计划后与资源教师沟通如何开展集体教学和个别辅导，并及时反馈特殊儿童在学科学习、伙伴关系等方面的情况、交流教育的方法，为资源教师提供技术上的支持。

三、宜昌市特殊教育研究指导中心建设取得的成效

多年来，宜昌市特殊教育研究指导中心围绕特殊学生发展所需，努力创造适合特殊学生的教育，坚持让每位学生在自身的基础上得到发展的教育理念，为宜昌市特殊教育高质量发展涂上了浓墨重彩的一笔。成绩的获得均建立在遵循特殊学生的身心发展规律，努力为特殊学生提供适合的教育的基础上，总体提升了特殊学生的生命质量。

（一）提升了特殊教育教学质量

1."双师型"师资壮大，服务全市儿童

宜昌市已培养 50 余名初级康复师、30 余名中级康复师、5 名高级康复师，可为特殊儿童提供专业康复训练。每名康复教师服务特殊儿童 10 人以上，整体服务全市特殊

儿童 800 人以上。

2. 资源合作共建，完善支持体系

宜昌市特殊教育学校已与宜昌市中心人民医院签订合作协议，合作共建全市规模较大、设备齐全、师资力量较强的康复中心，惠及全市特殊儿童。

3. 交流共研，平等互利发展

宜昌市特殊教育学校已与台湾地区部分启智学校签订友好合作协议，结为友好学校，加强特殊教育教学信息的交流，并拟定在平等互利的基础上发展师生互访项目，定期围绕为残疾学生提供适合的教育开展两岸学术研讨。

4. 医教理念推广，办学成效显著

2017 年，宜昌市特殊教育"医教能手"培养模式得到中国教师发展基金会肯定，宜昌市特殊教育学校被评为"医教结合"教育康复师资培训基地，承担着中西部特殊教育学校师资培训、宜昌市随班就读师资培训、送教上门等工作。其中 5 名康复师担任湖北省国培计划特殊教育专业授课教师。至 2013 年"医教结合"的教育康复理念的推广，特殊学生的生命质量显著提升。

5. 探索课程新模式，研发教康新课程

开展教学新模式的探索，受益的是特殊学生，发展的是一线教师，提升的是学校的办学质量。我们开展了医教结合理念融入全学段全学科教学的实践研究，开发了言语、语言、认知等康复训练校本课程。宜昌市特殊教育研究指导中心积极探索融合教育背景下学生学业质量评价方式，申报省级重点课题"融合教育背景下随班就读学生学业质量评价与实践研究"，并成立 4 个子课题组，带动全市特殊教育学校与普通学校共同研究。在融合教育背景下，建立随班就读学生学业质量评价体系非常重要。随班就读学生学业质量评价体系的缺失导致随班就读学生并未真正享有公平而有质量的教育。部分随班就读学生"随班就混""随班就坐"，教师对其没有要求，即没有对学生的学习结果进行价值判断，导致随班就读学生学业表现不佳。通过相关研究，一是丰富随班就读管理理论，多学科多元研究随班就读学生学业质量评价，提高随班就读学生学业质量；二是推进随班就读工作，解决意识问题，为融合教育开路，为多元评价随班就读学生学业质量提供依据。宜昌市特殊教育研究指导中心通过研究编写随班就读特殊学生学业质量评价指导意见；开发补充性课程，针对特殊学生适当开发适合其缺陷补偿与潜能开发的康复课程，促进其健康成长和学业质

量的提升；通过个别化的支持训练，促进特殊学生的语言能力、思维能力、运动能力、认知能力、行为管理能力等各方面能力的提升；创建融合教育示范基地，通过随班就读特殊学生学业质量评价应用，促进融合教育示范学校创建，便于后续研究和推广。

（二）开展了幼小转衔实验项目

为促进特殊儿童进行幼小转衔，宜昌市特殊教育研究指导中心与幼儿园、普通学校进行深度合作，共同研制符合特殊儿童的学习和训练方式，为特殊儿童顺利转衔开辟一条路径。我们发现特殊儿童转衔过程需要经历学前教育阶段、特殊教育学校教育阶段、普通学校教育阶段。

1. 学前教育阶段

在特殊儿童就读幼儿园期间，幼儿园应为其提供深度融合的机会，中心应为其提供专业康复训练服务，它们共同为特殊儿童顺利转衔提供支持。表 10-2 为宜昌市某幼儿园融合班课程表。具体来说，教师应引导特殊儿童每天在幼儿园参与半天融合集体活动，帮助特殊儿童与普通儿童共同完成任务，让特殊儿童充分建立自信心。宜昌市特殊教育研究指导中心应对特殊儿童进行康复训练，抓住学前教育关键期，实现他们相应功能的改善与矫治。

表 10-2　宜昌市某幼儿园融合班课程表

班级	周一	周二	周三	周四	周五
融合班 25 人	户外 自主游戏	语言活动	科学活动	艺术活动	健康和 社会活动
	户外 游戏分享	户外 自主游戏	园本课程	区角活动	区角活动
	园本课程	户外 游戏分享	区角活动	户外 体育活动	户外 体育活动
	感觉统合	认知游戏	语言表达	艺术治疗	言语构音
	康复训练				

2. 特殊教育学校教育阶段

特殊儿童进入特殊教育学校融合班就读，特殊教育学校应为其顺利转衔设置转衔课程。融合班儿童经过评估筛查鉴定后进入班级，在听觉、言语、语言、认知、运动等方面均需达到特殊教育学校测评体系的 2 级水平。转衔课程教学原则为：康复理念融入学科教学，并抓住集体教学、个训时间巩固康复训练成果，提高特殊儿童的综合能力。因特殊教育学校与普通学校课程标准在思想理念与编写体例方面大体一致，而特殊教育学校教材更注重特殊儿童的个体差异，特殊儿童在特殊教育学校接受教育后再进入普通学校，会迅速适应普通学校环境。我们通过 1 年的特殊教育学校学习适应使特殊儿童能适应集体教学模式、遵守课堂行为规范，在集体教学模式下养成认真聆听、认真思考、认真写作业的习惯和明礼修身、知礼明德、行礼明事的思想品质。

（1）康复理念融入学科教学

在学科知识体系下分学段、分层次、分类型安排集体教学及康复训练的内容，每门课程有计划、有目的地渗透康复训练。坚持以集体学科教学为主、以个别康复训练为辅的原则，注重以学科特点为主的康复融合。例如，生活语文教学主要以汉语拼音为桥梁，选择生活化主题教学内容，将语言学习与言语矫治相融合，将呼吸、发声、口部运动、语言理解等康复内容进行整合。唱游与律动教学主要根据唱游与律动四大板块教学内容选择合适的手段，将"感受欣赏"板块与听觉矫治整合，将"演唱"板块与呼吸发声矫治整合，将"律动"板块与运动协调能力矫治整合，将"音乐游戏"板块与音乐治疗情绪调节整合。绘画与手工教学对手部动作的要求极高，在教学中将撕、折、揉、搓、压、穿、串、剪等与精细动作和手眼协调训练相融合，加强培养手部操作能力；要求在图形认知中分辨图形的颜色、形状、大小等；要求在艺术赏析环节利用色彩、图形、图案的变化调节特殊儿童的情绪。我们利用康复手段的渗透使特殊儿童在集体教学中得到更多的训练机会，更有效地巩固训练成果。

（2）每门课程选择最佳康复策略

在每门课程教学重难点的突破上，以康复手段和技术为突破口，选择最佳康复训练手段和技术、康复训练设备等助推学科知识的有效获得。集体教学时康复手段介入的时间不宜过长，康复目标坚持小步子、多循环的方式，递进巩固和发展。每门课程要选择最佳康复策略，一是集体教学以发现关注特殊儿童的问题为主，给予较少时间的关注提醒和矫治，将其未达成的目标放置于个训时间进行强化训练。二是根据集体教学的侧重点，选择学科教学与康复教学的最佳分配时间，所占时间多少由课程内容决定。比如，绘画与手工教学分配在手眼协调、精细动作上的时间较多；语言课分配在言语矫治上的时间较多；唱游与律动教学分配在呼吸与发声矫治上的时间较多；生活适应教学分配在精细动作训练的时间较多。我们应选择最佳康复策略，让特殊儿童最大限度地获得发展与矫治，充分挖掘特殊儿童的潜能，为其顺利进入普通学校奠定坚实的基础。

3.普通学校教育阶段

特殊儿童通过3年学前教育、1年特殊教育学校的教育后进入普通学校，普通学校与宜昌市特殊教育研究指导中心为其提供相应的支持服务。上午半天课程在普通学校学习，下午个别辅导在宜昌市特殊教育研究指导中心开展。宜昌市特殊教育研究指导中心康复小组成员进入普通学校集体课堂，进行课堂诊断、教学评价研讨等，共研融合教育课堂教学策略。表10-3为宜昌市普通学校融合班课程表。

表10-3　宜昌市普通学校融合班课程表

班级	周一	周二	周三	周四	周五
融合班 40 人	语文	语文	数学	数学	数学
	数学	信息	语文	语文	科学
	劳动	语文	音乐	书法	语文
	音乐	道德与法治	美术	体育	美术
	语文辅导	口头表达	语文辅导	绘本阅读	思维逻辑
	数学辅导	书写训练	数学辅导	书写训练	注意与记忆

四、宜昌市特殊教育研究指导中心建设存在的问题与建议

（一）随班就读特殊学生学业质量评价问题

随着学业难度的不断增大，普通学校急需进行随班就读特殊学生评价模式的研究，从课堂教学策略、作业布置、考试方式等方面进行调整，科学评量随班就读特殊学生的发展情况，进而真正为随班就读特殊学生适应社会奠定基础。

（二）构建随班就读特殊学生学业质量评价体系

《第二期特殊教育提升计划（2017—2020年）》提出："以普通学校随班就读为主体、以特殊教育学校为骨干、以送教上门和远程教育为补充，全面推进融合教育。"《"十四五"特殊教育发展提升行动计划》提出，推进融合教育，全面提高特殊教育质量，加强普通教育和特殊教育融合，推动职业教育和特殊教育融合，促进医疗康复、信息技术与特殊教育融合。我国融合教育的主要形式为随班就读，这一形式保障了特殊学生走向普通学校，平等接受义务教育的权利。经过多年的发展，随班就读工作取得了一定的成效，但也存在一些问题，其突出反映在随班就读质量不高，存在"随班就座""随班就混"的现象和学业质量偏低、思想道德意识不强、行为习惯不良等问题。出现

上述问题的根本原因在于普通教育与特殊教育是相互隔离的，缺乏必要的沟通。随班就读特殊学生学业质量评价体系不健全，缺乏支持性教育和学业监管，导致他们在普通学校的学业质量不佳，没有在自身的基础上得到应有的发展，没有真正享受到"适合的教育"。为了提供适合的教育，我们除对随班就读特殊学生提供专业的康复训练和个别辅导外，还应构建科学的随班就读特殊学生学业质量评价体系，提升随班就读特殊学生学业质量。这是宜昌市特殊教育研究指导中心下一步需要重点研究的课题。

（宜昌市青少年综合实践学校　王丹）

本章小结 ·····▶

　　本章主要围绕资源教室相关机构的建设背景、主要做法、建设取得的成效、存在的问题与建议几个方面介绍了我国部分区域资源教室相关机构的建设情况，有助于理解我国当前资源教室的建设现状，从而能有针对性地对特殊儿童进行教学与干预，并为家长和社会提供基本的支持与服务。

思考与练习 ·····▶

　　1. 资源教室相关机构建设的主要做法有哪些？
　　2. 资源教室相关机构建设取得的成效有哪些？
　　3. 资源教室相关机构建设存在的问题与建议有哪些？